ARMIN JANS

TIEF:DENKER

144 Impulse für glaub:würdige Menschen

cap-books

IN:HALT

Auf ein Wort –
noch vor den vielen Wörtern.

Das Zusammenfügen zweier Hauptwörter
(Substantive) zu einem neuen Wort mit
einer neuen Bedeutung ist ein besonderes
Kennzeichen der deutschen Sprache.

VOR:WORT

Eins ist mir so klar wie selten:
Leben heißt Wachsen, heißt Veränderung, heißt Weiterkommen.
Deshalb hab ich mich entschlossen, nie stehenzubleiben.
Ich will immer lernen von weisen Menschen,
                     von guten Büchern,
                        von prägenden Erfahrungen und
                      vom liebenden Gott.
Und ich will immer hinausdenken über meine Möglichkeiten,
                             meine Beschränkungen,
                               meine Festlegungen,
                                   meine Erfahrungen und
                                      meine Hoffnungen.
Das Schreiben dieses Buchs hat mir dabei geholfen.

Es geht in allen Impulsen um Tief-Gang und Glaub-Würdigkeit.
Glaub:würdiges Leben bedeutet für mich:
Übereinstimmung von Wort und Tat,
                   von Motiv und Umsetzung,
                   von Glaube und Leben.
Glaub:würdiges Leben ist ohne Veränderung nicht zu denken
     – und Weiterentwicklung ist nicht möglich ohne Tief:Denken.

Ich hoffe, dass der „Tief:Denker" die Leidenschaft in dir weckt,
das Wesentliche zu suchen,
     das Dasein zu genießen,
          die Haltung zu überprüfen,
               die Sprachlosigkeit zu überwinden,
                   das Hörvermögen zu schärfen,
                     das Unmögliche zu wagen,
                     das Mögliche zu leben,
                       den Glauben zu entdecken.

Das wäre schön!
Armin Jans

ANFANGS:PUNKT

In jedem Ende liegt ein neuer Anfang.
Miguel de Unamuno y Yugo (1864-1936)[1]

Jede deiner Beziehungen hatte mal einen Anfangs-Punkt:
Geburt,
    Sympathie,
       Faszination,
          Mitleid,
             Arbeit,
                Begegnung.
Doch ab und zu kommen unsere Beziehungen auch an einen End-Punkt.
Durch Gleichgültigkeit,
    durch Misstrauen,
       durch Neid,
         durch Hass,
           durch Vergleichen.

Dann kommt es drauf an, ob wir die Sicht behalten, dass ein End-Punkt nie das Letzte sein darf.
Dann wären wir ja ohnmächtige Opfer unserer Gefühle.
    Dann wären wir ja Marionetten unserer selbst.

Versuch mal zu denken, dass jedes Ende auch ein Anfangs-Punkt sein kann.
Versuch das auch mal für deine Beziehungen zu denken.

Und was könnte ein solcher erster Schritt, ein Anfangs-Punkt sein?
Vergebung?
    Vertrauensvorschuss?
       Interesse?
         Loslassen?
           Offenheit?
           Stoßgebet?

Egal, was es für dich wäre ... fang wieder an!

....

....

BLEIBEN:LASSEN

Die Kunst des Bleibens beherrschen wir,
wenn wir gelernt haben, bei uns selbst zu bleiben,
uns selbst treu zu bleiben, es mit uns auszuhalten.
Basilius Doppelfeld OSB

Etwas beginnen kann jeder.
    Neue Gedanken spinnen ist kein Problem.
        Kreative Ideen haben können viele Menschen.
Aber das Bleiben und Dabeibleiben ... das fällt schwer,
                        strengt an.

Wir alle schätzen es, wenn Menschen bei uns bleiben,
                    treu sind,
                      aushalten.
Uns selbst aber fällt es schwer.
Geht alles glatt, bleiben wir gerne.
Läuft vieles schief, lassen wir das Bleiben schnell mal bleiben.

Wenn das so ist, liegt eben doch einiges an mir selbst.
Ich glaube:
Wer gelernt hat, sich selbst treu zu bleiben, kann auch anderen treu sein.
Wer gelernt hat, bei sich zu bleiben, wird auch bei anderen bleiben.

Ach, und noch etwas:
Sich selbst treu sein heißt nicht, dass in meinem Leben keine Änderung mehr nötig
wäre.
Treue Menschen hören nie auf zu wachsen.
Sich selbst treu sein heißt nicht nur bei-sich-bleiben,
        sondern auch bleiben-lassen,
            wieder zurückkehren,
                neu anfangen.
Lass das Bleiben nicht bleiben!
Bleib bei dir selbst!

....

....

....

CHARAKTER:BILDUNG

Aus den Taten beurteilen wir den Menschen,
aus den Motiven den Charakter.

Unbekannt

Wie wir miteinander umgehen, hat entscheidend mit unserem Charakter zu tun;
mit unserer Stärke, das zu tun, was richtig ist,
> mit den Eigenschaften, die unsere Einstellungen und unser Verhalten steuern,
>> mit unseren inneren Werten, die Voraussetzung für unser Handeln sind.

Denn:
Du bringst dich immer selbst mit, wenn du dich in Gemeinschaft mit anderen begibst.
Du bringst dein Denken mit,
> dein Wissen,
> dein Wesen,
> deine Kreativität,
> deine Umgangsformen,
> deine Motivation,
> deine Einstellung zum Leben,
> deine Ausdauer,
> deine Neugier,
> deinen Humor,
> deine Werte

… das alles (und noch viel mehr) nennt man gemeinhin Charakter.
Davon bist du nicht zu trennen, das bestimmt dein gesamtes Leben … und das bringst
du mit. Wenn du deine Beziehungen ändern willst, musst du deinen Charakter festigen.
Und jede Veränderung beginnt mit dem Denken.
Wer denkt, prägt seinen Charakter
… wer nicht denkt, will sich ja auch nicht ändern und wird auch nicht gefestigt.

Wenn du deinen Charakter aktiv formen willst, musst du nachdenken: über deine
Motivationen, deine Beziehungen, deine Werte, deine Gewohnheiten, deine Ziele, deine
Stärken, deine Wachstumsbereiche.

Zwei Impulse dazu:
1. *„Seid dankbar in allen Dingen."* (Die Bibel in 1. Thessalonicher 5,17; LUT) Denn
   Dankbarkeit verändert unsere Wahrnehmung … und unsere im Moment verhaftete
   Stimmung.
2. *„Achte auf deine Gewohnheiten, denn sie werden dein Charakter."* (Aus dem Talmud)

DAZU:NEHMEN

Nur diejenigen erkennen das Wesentliche, die danach trachten, die andern zu verstehen, nicht aber diejenigen, die sich gegenseitig ablehnen.
Leo Frobenius (1873-1938)

Nicht dazugehören dürfen und von einer Gemeinschaft ausgeschlossen sein, tut weh.
Die Neurowissenschaftlerin Naomi Eisenbergwerk (University of California, Los Angeles) erforschte vor einige Jahren das Verhalten von Menschen, die sich ausgeschlossen fühlen.
Sie stellte fest, dass Menschen, die sich ungeliebt, einsam, nicht gewollt fühlen, nicht nur seelisch, sondern auch körperlich Schmerzen empfinden.
In der deutschen Sprache drücken wir diesen Sachverhalt oft mit Worten aus, die dieser Körperlichkeit entsprechen: „Es bricht mir das Herz", „Das verletzt meine Gefühle", „Das schlägt mir auf den Magen".
Ausgrenzung, Ablehnung, Isolierung – all das trifft Menschen ganzheitlich.

In der altgriechischen Sprache gibt es ein Wort, das soviel bedeutet wie:
„jemanden zu einer Gemeinschaft dazunehmen".
Es wird zum Beispiel in der Bibel verwendet, um Christen aufzufordern,
andere Menschen nicht auszugrenzen.
„Nehmt einander an" wird es dort zum Beispiel übersetzt. (Römer 15,7; LUT).

Heißt:
Schließt einander nicht aus!
    Nehmt jeden dazu!
        Grenzt euch nicht ab!
            Isoliert einander nicht!
Als Beispiel für diesen Praxistipp führt Paulus, der Autor dieses Satzes, Jesus Christus an.
„Nehmt einander an, wie Christus euch angenommen hat."

Er hat alle Menschen angenommen, damit sie wieder Würde bekommen.
Er hat sie geheilt, damit sie nicht isoliert bleiben.
Er hat sie getröstet, damit sie nicht alleine bleiben.
Er hat ihnen zu essen gegeben, damit sie weiterleben konnten.
Er lebte das absolute Gegenteil von Ausgrenzung und Ablehnung.
Er lebte Liebe.

Überlege, wen du „gerne" ausschließt – und gehe dagegen an.
Du machst Menschen glücklich damit.

....

EINFLUSS:NEHMEN

Es gibt ein gutes Mittel, einen Freund zu gewinnen: das Lächeln. Ein offenes und freies Lächeln. Lächeln können, welche Macht! Es gibt mir die Macht zu beruhigen, zu lindern, auf andere einzuwirken.
Guy de Larigaudie (1908–1940)

Wir stehen in ständiger, wechselseitiger Beziehung mit unserer Umwelt und setzen uns damit dem gegenseitigen Einfluss aus.
Es gibt nur diese zwei Richtungen:
wir werden beeinflusst oder wir beeinflussen,
    wir werden begeistert oder wir begeistern,
        wir werden motiviert oder wir motivieren,
            wir werden beschenkt oder wir beschenken.

Oft läuft das unbewusst und außerhalb unseres Willens ab.

Wer aber bewusst Einfluss nimmt (ohne zu manipulieren), hat ein gutes Werkzeug für alle seine Beziehungen.

Der große Lehrer Jesus Christus hat in seiner wohl berühmtesten Rede den Startschuss für das „Prinzip der Gegenseitigkeit" gegeben (so nennen das Wissenschaftler):
„Behandelt die Menschen so, wie ihr selbst von ihnen behandelt werden wollt."
(Matthäus 7,12; GNB).

Wenn du gerne angelächelt wirst, lächle.
    Wenn du gerne beschenkt wirst, schenke.
        Wenn du gerne Komplimente hörst, lobe.
            Wenn du gerne ermutigt wirst, ermutige.
            Wenn du gerne bedient wirst, diene.
                Wenn du gerne ernst genommen wirst, respektiere.
                    Wenn du gerne gehört wirst, höre zu.

Führe die Aufzählung weiter:

Wenn du gerne ....

....

....

....

FREI:GELASSEN

Gelassenheit gewinnt man nur in der Besinnung auf das Wesentliche.
Bischof Georg Moser (1823-1988)

Gelassenheit ist eine Eigenschaft, die wir dringend benötigen.
Uns bringt so viel
                    so schnell aus der Fassung.
Und ruckzuck sind wir nicht mehr fähig zu würdevollen Lösungen.

Frage: Wie gewinnen wir Gelassenheit in den Herausforderungen des Lebens,
                    Freiheit in den Auseinandersetzungen des Alltags?

Gelassenheit beginnt im Kopf, deshalb folgende Gedanken:
Ich selbst entscheide, ob ich einer Situation oder einem Menschen so viel Macht über
mich gebe, dass ich meine Gelassenheit aufs Spiel setze. Ich bin verantwortlich für
meine Gelassenheit.
Ich wurde nicht provoziert … ich habe mich provozieren lassen.
    Ich wurde nicht geärgert … ich habe mich ärgern lassen.
        Ich wurde nicht überrumpelt … ich habe mich überrumpeln lassen.

Gelassenheit beginnt im Kopf, deshalb weitere Gedanken:
Wenn ich bei jeder Erschütterung gleich einbreche,
                    fehlt mir wohl ein sicheres Fundament.
Wenn mir bei jeder Störung gleich die Sicherung durchbrennt,
                    fehlt mir wohl ein stabiles System.
Wenn mich alles Ungeplante sofort aus der Fassung bringt,
                    fehlt mir wohl ein innerer Ruhepol.
Man darf auch die Fragen nach den eigenen Fundamenten, den in mir vorherrschenden
Systemen, dem inneren Ruhepol stellen.
Das ist von Zeit zu Zeit einfach mal dran.

Für die Praxis heute folgender Auftrag:

Lass dich nicht durch Kleinigkeiten oder Unvermeidliches aus der Fassung bringen.
Benjamin Franklin (1706–1790)

....

....

GUT:MENSCH

Die Neigung, in anderen immer das Gute zu sehen,
zeugt von einem großen Herzen.

Thomas von Aquin

Er wurde 1869 in der indischen Provinz Gujarat geboren. Als Sohn eines Ministers genoss er viele Vorzüge, war aber eher ein schwieriges Kind, sensibel und schüchtern. Im Alter von 13 Jahren wurde er zwangsverheiratet. Die Ehe hielt 62 Jahre lang, bis zum Tod seiner Frau im Jahr 1944. Im Lauf seines Lebens verbrachte er insgesamt acht Jahre im Gefängnis, obwohl er stets gewaltfrei handelte. Er war der Anführer der indischen Unabhängigkeitsbewegung und setzte sich für die Rechte der Unberührbaren und der Frauen ein. Außerdem kämpfte er für die Versöhnung zwischen Hindus und Muslimen. 1948 beendete ein Attentat sein Leben.
Sein Name: Mahatma Gandhi.
Irgendwann in seinem Leben hatte er fünf Vorsätze formuliert,
die er jeden Tag leben wollte:
Ich will bei der Wahrheit bleiben.
   Ich will mich keiner Ungerechtigkeit beugen.
      Ich will frei sein von Furcht.
        Ich will keine Gewalt anwenden.
          Ich will in jedem zuerst das Gute sehen.

Das Gute in jedem sehen – gar nicht so einfach!
Vielleicht hilft dir die Übung, für jeden Menschen zu überlegen, welche Stärken er oder sie hat. Lenke deine Aufmerksamkeit auf das, was du am anderen magst und was ihn oder sie zu einem besonderen Menschen macht.

Ein Grundsatz, den meine Frau und ich uns füreinander und für andere gesetzt haben ist: „Die starken Seiten des anderen sind die entscheidenden Seiten."
Die starken Seiten: Das sind die Gaben, die Qualitäten, die Dinge, die Gott in einen Menschen hineingelegt hat.
Denn: Was jemand ist und was jemand kann, ist wichtiger als das Unvermögen,
                               die Schwächen,
                               die Macken,
                               die Äußerungen.
So über andere zu denken, ist „zuerst das Gute sehen".

So ein Denken müssen wir einüben. Wir reiben uns sonst wund an den Schwächen und scheinbaren Bosheiten unserer Mitmenschen!
Jeden Tag können wir neu entscheiden, wie wir übereinander denken möchten.

HEIM:WEH

Zuhause ist da, wo man den Bauch nicht einziehen muss.
Verfasser unbekannt

Ein Hauptmerkmal unserer Zeit ist die Heimatlosigkeit. Millionen von Menschen auf
unserem Planeten sind dem Verlust von Heimat ausgesetzt.
Menschen brauchen Heimat,
>>> Verwurzelung,
>>> Beziehungen,
>>> Wärme,
>>> Nähe.
So schlimm der äußere Heimatverlust ist,
die innere Heimatlosigkeit steht dem in nichts nach.

Ständiger Wechsel,
Anpassung an Neuerungen,
Flexibilität von Lebensformen,
Zerbruch von Beziehungen,
all das sind Heimatlosigkeitsmerkmale unserer Gesellschaft.

Menschen sind zwar grenzenlos vernetzt,
werden aber hemmungslos gehetzt
und letztendlich gnadenlos verletzt.

Wie können wir wieder Heimat finden?
Sicher, indem wir verlässliche Beziehungen bauen,
Geborgenheit finden,
Nähe erleben,
Liebe spüren.

Heimat finden wir nicht nur an Orten, sondern immer auch bei Menschen
… und viele finden sie auch ganz zeitlos, ortsfrei und menschenunabhängig bei Gott.

....

....

....

....

INNEN:RAUM

Behüte dein Herz mit allem Fleiß, denn daraus quillt das Leben.
Die Bibel in Sprüche 4,23 (LUT)

Jede Beziehung ohne die Beteiligung des Herzens wird kalt, starr, gleichförmig, mechanisch.
Beziehungen mit Herz leben – und sie fließen über auf andere.
Jeder weiß es tief innen: Was Beziehungen leben lässt, sind nicht äußere Dinge.
Das Herz jeder Beziehung ist das Herz.
Der „Innen-Raum" ist die lebendige Mitte.
Nimm das Herz aus einer Beziehung und du nimmst ihr das Leben.
     Nimm einer Beziehung den Innen-Raum und das Gebäude stürzt ein.
       Wenn innen das Leben fehlt, wird außen bei den Menschen
       kein Leben ankommen.

Von Rabbi Jitzchak Meir ist folgende Aussage überliefert:
> *„Wenn einer Vorsteher wird, müssen alle nötigen Dinge da sein: ein Lehrhaus und Zimmer und Tische und Stühle, und einer wird Verwalter, und einer wird Diener und so fort. Und dann kommt der böse Widersacher und reißt den innersten Punkt heraus, aber alles andere bleibt wie zuvor, und das Rad dreht sich weiter, nur der innerste Punkt fehlt."*
> *Der Rabbi hob die Stimme:*
> *„Aber Gott helfe uns, man darf's nicht geschehen lassen!"* [2]

Es ist wahr: Der angefochtenste Ort jeder Aufgabe, jeder Beziehung, jedes Lebensabschnitts ist das Herz.

Und jetzt wird's persönlich:
In welchen Bereichen deines Lebens spürst du noch den innersten Punkt,
          schlägt noch dein Herz,
            „quillt das Leben"?

Lass nicht zu, dass dir irgendjemand deinen innersten Punkt herausreißt!
Wehr dich!

....

....

....

JUCK:REIZ

Wenn es den Kaiser juckt, so müssen sich die Völker kratzen.
Heinrich Heine (1797-1856)

Stell dir vor, du wärst der Kaiser.
Alle kratzen sich, wenn's dich juckt.
    Alle juckt, was sie eigentlich gar nicht kratzt.
        Alle achten auf dein Wohlergehen, aber nicht von Herzen.
Ein gutes Gefühl? Eher nicht.

Eigentlich ist es doch viel schöner, wenn Menschen sich für mich interessieren,
               wenn ihnen nicht egal ist, wie's mir geht.
Aber: Wenn sie das nur tun, weil ich eine bestimmte Position habe,
          bestimmte Beziehungen,
          bestimmte Fähigkeiten
... dann fühlt sich das schon nicht mehr so gut an.
Dann interessiere ich als Person sie ja eigentlich nicht.
Dann kommt Interesse nicht von Herzen, sondern mit dem Ziel zu profitieren.

Echtes Interesse dagegen ist wohltuend, verbindend und beziehungsvertiefend.
„Dienstliches" Interesse schafft Misstrauen.

Menschen, die dich wirklich interessieren, haben mehr verdient als ein „Wie geht's?".
Sie brauchen auch ein „Was beschäftigt dich gerade?" und ein „Wie kann ich dir helfen?".
Vor allem aber brauchen sie deine uneingeschränkte Aufmerksamkeit, wenn sie darauf
antworten. Sie brauchen gute Zuhörer.

Dann kann es sein, dass sie auch mal einen ehrlichen Juck-Reiz verspüren,
wenn es dich kratzt.

....

....

....

....

....

KONFLIKT:SCHEU

Innerer Friede beruht nicht auf Konfliktlosigkeit,
sondern auf der Fähigkeit, mit Konflikten fertigzuwerden.
Unbekannt

Konflikte gehören zum Leben,
            sind unausweichlich,
                        sind der Normalfall.
Sie sind grundsätzlich nicht schlecht,
                        eher sogar wichtig,
                                    wachstumsfördernd.
Keine Konflikte zu haben wäre nicht normal – und auch nicht gut.

Und genau mit diesen Sätzen haben harmoniebedürftige Menschen ihre Probleme.
Sie vermeiden gerne Konflikte. Ich weiß das gut. Ich bin einer aus diesem „Holz".
Was haben meine Mentoren mit mir geackert!
Ich weiß noch sehr genau, dass ich mit einem dieser Begleiter bei jedem Treffen streiten
musste ... damit ich lerne, dass Konflikte normal sind.
Ich bin immer noch nicht in Konflikte verliebt. Doch ich weiß, dass es mir nur dann
wieder besser geht, wenn Dinge geklärt sind.
Also muss ich mitten hineingehen – nicht weglaufen.
Ich weiß:
Konflikte können nie aus der Distanz geklärt werden.
Um Klärung zu schaffen, muss ich näher zu den „Konfliktpartnern" rücken,
                        die Entfernung verringern,
                                    Blickkontakt suchen,
                                                Beziehung aufbauen.

Für einen Harmoniebolzen wie mich führt der Weg zur Freiheit immer nur über den
Weg, dass ich mich selbst besiege,
            über mich hinauswachse,
                        meinen Schweinehund überwinde,
                                    die Herausforderung angehe.
Und überraschenderweise mache ich nur gute Erfahrungen damit ...
was mich ja nicht wirklich überrascht.

LEID:VOLL

Nicht nur die Tat, sondern auch das Leiden ist ein Weg zur Freiheit.
Dietrich Bonhoeffer [3]

Manchmal ist unser Leben voller Freude – manchmal aber auch voller Leid.
Manchmal gelingt das Leben – manchmal scheitern wir.
Manchmal genießen wir unsere Beziehungen – manchmal leiden wir darunter.
Manchmal sind unsere Begegnungen beglückend – manchmal eher belastend.
Leid gehört zu unserem Leben – das steht fest.

Woran liegt das?
Ein Antwortversuch:
Das Leben ist bedroht ... jederzeit und überall!
Unser ganzes Leben ist bis zum Ende wesensmäßig immer von der Bedrohung und vom
Leid her bestimmt – auch die Beziehungen unseres Lebens.
Manchmal sind sie bedroht.
Manchmal leiden wir an ihnen.

Was tun?
Am 9. April 1945 starb der Theologe Dietrich Bonhoeffer viel zu jung und viel zu früh
im KZ Flossenbürg (bei Hof). In seiner Zeit im Gefängnis verfasste er viele Briefe
an Freunde und Verwandte. In einem der Briefe schrieb er am 28. Juli 1944 aus dem
Gefängnis in Berlin-Tegel folgenden Satz:
*„Die Befreiung liegt im Leiden darin, dass man seine Sache ganz aus den eigenen Händen
geben und in die Hände Gottes legen darf."* [4]

Das ist sein Praxis-Tipp.

Wir werden im Leben nicht immer vom Leiden befreit – aber es liegt eine tiefe Freiheit
darin, das Leiden aus unserer Hand zu geben ... Bonhoeffer sagt, *„in die Hände Gottes"*.

Er meint damit, dass wir beten,
      mit Gott reden,
           ihm unser Leiden sagen.

Wäre das etwas für dich?

....

....

MENSCHEN:RÜCKSICHT

Wahre dir in allen Dingen die Freiheit des Geistes.
Schiele in nichts auf Menschenrücksicht,
sondern halte deinen Geist innerlich so frei,
dass du auch stets das Gegenteil tun könntest.
Lass dich von keinem Hindernis abhalten, diese Geistesfreiheit zu hüten.
Sie gib niemals auf.
Ignatius von Loyola (1491-1556)

Wir wären so gerne freie Menschen ... sind wir aber nicht!

Kritik und Lob lenken unser Wohlbefinden,
    geheime Abhängigkeiten und Gedanken zerstören uns von innen,
        Auseinandersetzungen des Alltags bringen uns aus der Fassung.

So frei sind wir gar nicht!
Wir sind abhängig vom Denken der Mehrheit,
        den Erwartungen der Mitmenschen,
            dem „Gefällt mir" der Masse.
So frei sind wir gar nicht!

Ignatius von Loyola, der Gründer des Jesuitenordens, setzt dieser Unfreiheit die Freiheit der „Indifferenz" (Gleich-Gültigkeit im ursprünglichen Sinn des Wortes) entgegen. Ignatius meint damit nicht, dass uns alles egal sein sollte – sondern dass wir mehrere Möglichkeiten als „gleich gültig" betrachten. Er drückt das so aus:

„Darum ist es notwendig, uns allen geschaffenen Dingen gegenüber gleichmütig (wörtl. indiferentes) zu verhalten [...] Auf diese Weise sollen wir von unserer Seite Gesundheit nicht mehr verlangen als Krankheit, Reichtum nicht mehr als Armut, Ehre nicht mehr als Schmach, langes Leben nicht mehr als kurzes, und folgerichtig so in allen übrigen Dingen."[5]

Heißt: Es ist wichtig, für jede Lebensführung, für alle Menschen, für unterschiedliche Meinungen offen zu sein. Frei werden zum „Gegenteil":

Ob Menschen uns kritisieren oder loben – beides ist gleich gültig.
    Ob wir krank sind oder gesund – beides ist gleich gültig.
        Ob wir arm sind oder reich – beides ist gleich gültig.

Wir müssen nicht abhängig sein ...
nicht von Menschen, nicht von Lebensführungen, nicht von Meinungen.

NEHMER:QUALITÄT

Darf Liebe nehmen?
Paula Modersohn-Becker (1876–1907)

Ja.
Liebe darf nehmen.
Sie muss sogar.

Auf jeden Fall gilt:
Liebe muss an**nehmen**,
    Menschen akzeptieren, wie sie sind,
        ihre Ideen, Stärken, Wunderlichkeiten, Gefühle.
Liebe muss teil**nehmen**,
    am Leben anderer interessiert sein,
        nachfragen, Anteil nehmen und helfen.
Liebe muss sich be**nehmen**,
    nicht immer gleich poltern,
        respektvoll handeln und reden.
Liebe muss hinein**nehmen**,
    nicht ausgrenzen oder ausschließen,
        die Tür öffnen und willkommen heißen.
Liebe muss zurück**nehmen**
    den Platz frei machen für einen anderen Mittelpunkt,
        manchmal auch Worte, die gefallen sind, wieder zu sich nehmen.
Liebe muss wahr**nehmen**,
    einen Blick für die Bedürfnisse anderer haben,
        nicht wegsehen, sondern sogar tiefer sehen.
Liebe muss ernst**nehmen**,
    nicht von oben herab betrachten oder gar belächeln,
        den Wert und die Würde des anderen (be)achten.

Ja. In diesem Sinn darf Liebe nehmen … und zeigt dadurch nicht nur ihre Nehmer-,
sondern auch die Geber-Qualitäten.

Nimm an, nimm teil, nimm hinein, nimm zurück, nimm wahr und nimm ernst!
Gib alles!

....

....

OPFER:ROLLE

Wir sollten die Opferrolle ablegen, die wir so gerne spielen.
Denn wir verspielen damit unser Leben.
Martin Schleske[6]

In jedem Leben gibt es schlimme Ereignisse (fällt dir eins ein?).
Wir verlieren Menschen,
                    Anerkennung,
                        Gesundheit,
                            Arbeitsstellen,
                                Würde.
Wie schnell sind wir dann in der Gefühlsfalle, Opfer der Umstände oder anderer Menschen zu sein. Andere sind für unseren jetzigen Zustand verantwortlich.
                Andere sind die Täter, wir dagegen nur Opfer.
                    Andere sind schuld – Gott und die Welt.
Die Folge:
Wir bemitleiden uns, ärgern uns,
    sind deprimiert, ratlos, ohnmächtig, ausgeliefert, einsam.
Vielleicht hilft dir der Gedanke:
Immer, wenn du in die Opferrolle schlüpfst, gibst du deine Verfügungsgewalt über dich ab … an einen herzlosen Täter,
        ein skrupelloses Schicksal,
            einen gnadenlosen Gott.
Der Weg:
Übernimm wieder Verantwortung für dein Leben, deine Gefühle, deine Zufriedenheit.
Dein Leben ist dir gegeben! Ein Geschenk des Himmels, von Gott.
Gib es nicht aus der Hand und übernimm die „Führung".
Lass schlimme Erfahrungen nicht dein ganzes Leben bestimmen.
Du trägst vielleicht keine Schuld an deinem jetzigen Zustand … aber du bleibst immer verantwortlich für dein Leben, deine dir anvertrauten Menschen, deine nächsten Schritte. Die Suche nach Schuldigen führt zu nichts. Das kostet dich nur Kraft und Zeit – und die brauchst du dringend, um dein Leben wieder zu „führen".

Hat dir deine Opferrolle bisher geholfen?
Nein?
Dann spiel nicht weiter! „Führe" dein Leben!

PROBLEM:LÖSER

Der einfachste Weg, ein Problem zu lösen ist, ein leichteres zu wählen.
Franklin P. Jones (1887-1929),

Probleme hat man in menschlichen Beziehungen zur Genüge. Damit kennen wir uns aus. Da gibt es Konflikte, Missverständnisse, Teamprobleme, Erziehungsprobleme, Partnerschaftsprobleme, Geldprobleme, Stressprobleme ... und auch vieles Nicht-Greifbare.

Hier ein paar Hilfen zur Problem-Lösung:

Schuld suchen stört.
Kein Mensch will sein Gesicht verlieren,
          ein Projekt an die Wand fahren,
            eine gute Beziehung verlieren,
              einen geliebten Menschen verletzen.
Wir sind gut beraten, anderen nichts Böses zu unterstellen.
Wir müssen nicht zuerst nach Schuldigen suchen, sondern nach einer Lösung.
Alles andere lenkt ab.

Hilfe holen ist hilfreich.
Das heißt: Ich muss das Problem nicht alleine lösen. Ich darf mir Hilfe holen. Deshalb frage ich zuerst, welche Person die für die Problemlösung geeignetste ist. Oft liegt die Lösung in der Person, die das Problem mit anpackt.

Warten ist weise.
Problemlösungen brauchen Zeit.
Das heißt aber nicht, dass wir untätig bleiben,
          die Lösung aussitzen,
            gemütlich Däumchen drehen.
Es meint, dass wir den Beziehungen Zeit geben,
          der Lösung einen Rahmen geben,
            den Beteiligten Impulse geben.
So wie ein Landwirt das Wachstum seiner Pflanzen durch Bewässern begünstigt. Sobald er aktiv eingreift und versucht, eine kleine Pflanze länger zu ziehen, damit sie schneller wächst, zerstört er sie.

Probier's mal aus.

„Löse das Problem, nicht die Schuldfrage."
Sprichwort aus Spanien

QUELL:FRISCH

Haushalten mit der Kraft,
Haushalten mit der Zeit;
Mit solcher Kunst bringt's auch
Ein kurzes Leben weit.
Friedrich Wilhelm Güll (1812-1879)

Wir haben nicht unendlich viel Kraft – auch für unsere Beziehungen nicht.
Die Kunst des L(i)ebens ist zu wissen, wie ich Kraft schöpfen kann,
womit ich mich füllen soll,
was mich bereichert,
wo die Quelle ist.

Der mittelalterliche Abt Bernhard von Clairvaux schrieb vor mehr als 900 Jahren dieses nachdenkenswerte Gleichnis:

Wenn du vernünftig bist, erweise dich als Schale,
nicht als Kanal, der fast gleichzeitig empfängt und weitergibt,
während jene wartet, bis sie gefüllt ist.
Auf diese Weise gibt sie das, was bei ihr überfließt, ohne eigenen Schaden weiter.
Lerne auch du, nur aus der Fülle auszugießen,
und habe nicht den Wunsch, freigiebiger als Gott zu sein.
Die Schale ahmt die Quelle nach.
Erst, wenn sie mit Wasser gesättigt ist, strömt sie zum Fluss.

Du tue das Gleiche!
Zuerst anfüllen und dann ausgießen!
Ich möchte nicht reich werden, wenn du dabei leer wirst.
Wenn du nämlich mit dir schlecht umgehst, wem bist du dann gut?
Wenn du kannst, hilf mir aus deiner Fülle; wenn nicht, schone dich.

Als Theologe interessiert mich natürlich, was die Bibel über empfehlenswerte Lebens- und Kraftquellen sagt:

*„Die Worte eines **weisen Lehrers** sind eine Quelle des Lebens.“* Sprüche 13,14; GNB
*„Bei **Gott** ist die Quelle des Lebens.“* Psalm 36,10; GNB
*„**Jesus** sagte: Wer aber von dem Wasser trinkt, das ich ihm geben werde, wird nie mehr Durst haben. Ich gebe ihm Wasser, das in ihm zu einer Quelle wird, die bis ins ewige Leben weitersprudelt.“* Johannes 4,14; GNB

Aha. Weise Menschen und Gott/Jesus sind also auf jeden Fall gute Quellen.

Überlege, wo du heute Kraft schöpfen möchtest!

RÜCK:HALT

Ohne Begleiter geht viel ... gemeinsam geht mehr.
Ohne Helfer bist du schnell ... mit Unterstützung bist du schneller.
Ohne einen Halt stehst du gut ... mit einer Stütze stehst du besser.

Wer Freunde im Leben,
        Halt im Sturm,
            Begleitung im Dunkeln hat, ist auf jeden Fall besser dran.

Unser Problem: Wir sind so gerne Einzelkämpfer, möchten alles selbst erledigen,
versuchen, alles allein über die Bühne zu bringen.

Aber:
Niemand kann das auf Dauer.

Es kostet mehr Kraft,
    strapaziert mehr Nerven,
        produziert mehr Druck.

Deshalb suchen gerade erfolgreiche Menschen gerne Hilfe von außen.
„Außen" kann einiges sein:
Freunde, Fachleute, Fachliteratur.
Glaube, Gemeinschaft, Gott.

Es gibt für uns alle Hilfe, die wir uns selbst nicht geben können,
                Schritte, die wir selbst nicht gehen können,
                    Worte, die wir uns selbst nicht sagen können.
Alles von außen ... für innen.

Hol dir heute den Rück-Halt, den du brauchst!
Kein Stolz!

....

....

....

SELBST:ERKENNTNIS

Bevor du daran gehst, die Welt zu verbessern,
geh dreimal durch das eigene Haus.
Chinesische Weisheit

Bevor du andere kritisierst, schau bei dir selbst nach.
    Bevor du andere als dein Problem proklamierst, entdecke dein eigenes Problem.
        Bevor du andere an der Nase packst, fass dich an die eigene Nase.
Bleiben wir mal bei der Nase.

„Sich an der eigenen Nase fassen" – diese Redewendung kommt vermutlich von einem alten normannischen Brauch. Wenn jemand einen andern fälschlicherweise beleidigt hatte, war er verpflichtet, sich beim Zurechtrücken der Tatsachen an der eigenen Nase zu fassen.
Aha.
Es ging also um ein Zeichen der Demut, der Korrektur, des Widerrufs.
Noch heute nehmen wir diese Zeichen unbewusst wahr.

Jesus, der Verurteiler des Verurteilens, verwendet in diesem Zusammenhang ein anderes Bild. Er sagt:
„Wie kommt es, dass du den Splitter im Auge deines Bruders siehst, aber den Balken in deinem eigenen Auge nicht bemerkst? [...] Zieh zuerst den Balken aus deinem eigenen Auge; dann wirst du klar sehen und kannst den Splitter aus dem Auge deines Bruders ziehen." (Die Bibel in Matthäus 7,3+5; NGÜ)

Bedeutet:
Jeder Konflikt hat immer auch einen Ursprung,
                einen blinden Fleck,
                      eine Wahrheit in deinem Leben,
                            eine Selbst-Erkenntnis.
Wenn du sie erkennst, siehst du klarer.

Dann erst kannst du frei, demütig, wahrhaftig und berechtigt kritisieren.
Probier's mal.

....

....

....

TREUE:BUND

Treu sein ist keine Kunst, wenn alles glatt geht.
Treu sein zeigt sich, wenn alles schiefläuft.
Phil Bosman (1922-2012)

Gertrude und Hans Hornbostel waren in ihrer langen Beziehung nur drei Jahre getrennt gewesen, in Kriegsgefangenschaft während des Zweiten Weltkriegs. Am 7. Februar 1945 sahen sie sich endlich wieder. Glücklich fielen sie sich in die Arme in der Gewissheit, dass nun alles besser werden würde, dass sie beieinander bleiben könnten.
Doch bereits im Mai desselben Jahres fanden Ärzte heraus, dass Gertrude an Lepra litt.
Zur damaligen Zeit war klar, dass sie nach Carville gehen würde, in die einzige Lepra-kolonie auf amerikanischem Boden – allein. Niemand war je aus der Kolonie gesund entlassen worden.
Und das Schlimmste: Hans war verboten worden, mit ihr zu gehen,

ihr beizustehen,

bei ihr zu bleiben.

Er aber setzte – angetrieben durch eine tiefe Liebe – alle Hebel in Bewegung und erreichte kurz darauf, dass er ebenfalls in die Leprakolonie einziehen durfte. Er hatte sich nicht abhalten lassen, war wirklich bei ihr geblieben. Schon nach wenigen Jahren, Anfang September 1949, wurde Gertrude überraschend gesund aus Carville entlassen. Ein Wunder für die Ärzte.

Nicht nur ein Heilungswunder, sondern auch ein Treuevorbild.
Hans war geblieben,
        nicht weggelaufen.

Da-Bleiben, wenn es unangenehm oder zu viel wird – das ist Treue.
Immer folgen,
    immer dableiben,
        immer zurückkehren,
            immer festhalten.

Max Frisch drückte das so aus:
„Eben darin besteht die Liebe, das Wunderbare an der Liebe, dass sie uns in der Schwebe des Lebendigen hält, in der Bereitschaft, einem Menschen zu folgen in allen seinen möglichen Entfaltungen."

Überlege: Wem möchtest du heute deine Treue zeigen? Und wie?

....

UM:ARMUNG

Jedwede Kreatur hat einen Urtrieb nach liebender Umarmung.
Hildegard von Bingen (1098-1179)

Unser Leben ist durchzogen von Ausgrenzungen.
Begonnen in der Kindheit, wenn vermeintliche Freunde uns nicht mitspielen lassen
(erinnerst du dich?). Dann die wöchentliche Blamage im Sportunterricht, wenn wir bei
der Mannschaftswahl wieder mal die letzten waren. Später die verborgene Isolation bei
Festen oder Beförderungen oder Jobverlust,
    Trennung,
        Einsamkeit,
           Gegenwind,
               Zurückweisung.
So viele Stiche mitten ins Herz.
Jeder Mensch sehnt sich nach Nähe,
               nach Bindung,
                  nach Sicherheit,
                    nach Umarmung.
Wie der junge Mann, von dem uns Folgendes erzählt wird:
„Er hatte sich im Voraus sein Erbe auszahlen lassen und war ausgewandert. Er war reich.
Niemand grenzte ihn aus. Alle wollten ihn als Freund – so lange, bis er alles aufgebraucht
hatte. Er verlor alle Freunde und geriet in große Schwierigkeiten. In seiner Not wandte er
sich an einen Bürger des Landes. Der schickte ihn zum Schweinehüten auf seine Felder. Er
wäre glücklich gewesen, wenn er seinen Hunger mit Schweinefutter hätte stillen dürfen,
doch selbst davon wollte ihm keiner etwas geben. Ausgegrenzt!
Erst jetzt kam er zur Besinnung. Er entschloss sich, zu seinem Vater zurückzukehren. So
machte er sich auf den Weg. Dieser sah ihn schon von weitem kommen; voller Mitleid lief
er ihm entgegen und umarmte ihn liebevoll." (Die Bibel in Lukas 15)

Schluss mit Ausgrenzung.
    Stattdessen grenzenlose Liebe.
      Umarmung statt Ablehnung.
Was für ein Glück!

Jesus, der die Geschichte des jungen Mannes vor mehr als 2 000 Jahren erzählt hatte,
verwendete sie als Beispiel für die ausgrenzungsfreie Liebe Gottes zu den Menschen.
Er behauptet damit: Gott, der Um-Armer, ist der Lieb-Haber aller.
Die Aus-Grenzung hat ihre Grenze ... die Liebe.

Was für ein vorbildliches Beispiel! Zur Nachahmung herzlich empfohlen.

VOR:URTEIL

Urteilt nicht nach dem äußeren Schein,
sondern bemüht euch um ein gerechtes Urteil!
Die Bibel in Johannes 7,24 (NGÜ)

Keiner gibt zu, sie zu haben ... jeder lebt sie: Vor-Urteile.
Wir teilen gerne ein, verfrachten in Schubladen, ordnen in Gruppen.
Ein paar Beispiele gefällig?
Schotten sind geizig, Männer hassen Schnupfen, Frauen sind emotional, Politiker sind machtgierig, Beamte sind träge, und so weiter.

Unvoreingenommene Begegnungen werden fast utopisch.
    Chancenlose Begegnungen werden annähernd normal.

Woher kommt das?
Wir trauen den Klischees mehr als unserem eigenen Verstand,
    den Aussagen anderer Menschen mehr als unserem eigenen Urteilsvermögen,
        dem Sichtbaren unserer Beobachtung mehr als dem Unsichtbaren des Herzens.
Zusammenfassend: Wir denken zu wenig über Menschen und über das Leben nach.

Schon klar: Manchmal sind ja Vor-Urteile auch nötig, weil wir dadurch auf unsere vorausgegangenen Erfahrungen zurückgreifen, sie entsprechend auswerten.

Aber:
Wer sagt dir,
    dass deine Erfahrungen nicht nur ein kleiner Ausschnitt der Wahrheit über den Anderen sind?
Wer sagt dir,
    dass du alles gesehen und bemerkt hast, was die Würde des anderen ausmacht?
Wer sagt dir,
    dass ein Mensch sich nicht auch geändert haben könnte?
Wer sagt dir,
    dass am Verurteilten nicht doch etwas Liebenswertes ist?

Denken ist schwer, darum urteilen die meisten.[7]
C.G. Jung

Darum:
Denk nach ... und dein Blick auf andere ändert sich.
Denk nach ... und du änderst dich.

WORT:ARM

Wer nicht lange und geduldig zuhören kann,
der wird am Andern immer vorbeireden
und es selbst schließlich gar nicht mehr merken.
Dietrich Bonhoeffer (1906-1945)[8]

Wie oft ringen wir um Worte,
      feilen wir an Formulierungen,
         möchten verstanden werden.
Redner werden wahrgenommen,
   Schwätzer werden bewundert,
    Kritiker werden beklatscht
... Zuhörer eher nicht.
Was aber wäre ein Wort ohne Hörer?

Eigenartig:
Wer zuhört, wird übersehen.
   Wer nichts sagt, wird überfahren.
     Wer keine Worte hat, wird belächelt.
Da stimmt doch was nicht!
Verkehrte Welt!

Wer nachdenkt, weiß:
Nur wer zuhört, kann Neues lernen.
Nur wer schweigt, kann wirkungsvoll sprechen.
Denn Zuhören ist Empfangen,
   und Schweigen ist Vorbereiten.
Das wussten schon die Alten, als sie entdeckten:
   Wenn du redest, wiederholst du nur, was du schon weißt.
   Doch wenn du zuhörst, könntest du etwas lernen.

Das gilt für alle unsere Beziehungen,
        unsere Beschäftigungen,
         unsere Besprechungen,
          unsere Beratungen.
Erst hören, dann reden!

ZURÜCK:GREIFEN

Der Mensch hat dreierlei Wege klug zu handeln:
erstens durch Nachdenken, das ist der edelste,
zweitens durch Nachahmen, das ist der leichteste,
und drittens durch Erfahrung, das ist der bitterste.
Konfuzius (551–479 v. Chr.)

Lernen durch Erfahrung erfordert meine Leidensbereitschaft.
Lernen durch Vorbilder benötigt meine Beobachtung.
Lernen durch Nachdenken braucht meine Aufmerksamkeit.
Wir lernen ... lebenslang, rückblickend.
Wir wachsen ... im Zurück-Greifen auf Krisen, Fehler, Erfahrungen, Gedanken, Vorbilder.
So werden wir weise.

In der Pädagogik kennt man acht Methoden, um Wissen zu erwerben:
Fragen,
    Forschen,
        Entdecken,
            Untersuchen,
                Experimentieren,
                    Herstellen,
                        Berechnen,
                            Diskutieren.
Aber all das ist nur wert-voll, wenn wir es aus-werten,
                    wenn wir nach-denken,
                        wenn wir zurück-greifen.

Klug sind wir nicht, wenn andere etwas von uns lernen –
wirklich klug sind wir nur, wenn wir selbst lernen.

Das wusste schon die alte Weisheitsliteratur der Bibel:
Mancher ist so klug, dass er andere belehren kann,
aber nicht klug genug, um sich selber zu helfen.
Die Bibel in Sirach 37,19

Lernbereitschaft – das ist es, was wir für unser Leben und unsere Beziehungen brauchen.

Lerne mehr – belehre weniger!

....

GUT:MENSCH

Die starken Seiten des anderen
sind die entscheidenden Seiten.

ANGST:FREI

Mut ist Widerstand gegen die Angst, Sieg über die Angst,
aber nicht Abwesenheit von Angst.
Mark Twain

Unser Alltag ist durchzogen von Angst.
Viele unserer geplanten Aktionen,
           unserer Tagesaufgaben,
               unserer To-Dos sind Ängste.
Denn hinter jeder Aufgabe steht die verborgene Angst vor den Folgen,
wenn wir es nicht tun.
So wächst die Angst, nicht zu genügen,
             unsere Aufgaben nicht zu schaffen,
              unsere Anerkennung zu verlieren,
            Schaden zu nehmen
… und das immer und immer wieder im Lauf eines Tages.

In der Ursprache der Bibel gibt es einen Begriff, der immer wieder als Mittel gegen die
Angst gebraucht wird. *„tolmao"* heißt er – und bedeutet *„über sich gewinnen",*
gegen die Angst angehen,
    nicht verlieren wollen,
        Widerstand gegen sie leisten.
Die direkte Übersetzung von „tolmao" ist: Mut!

Mut haben bedeutet also: sich überwinden,
            sich reinwerfen,
             energisch vorangehen,
           kühn wagen,
               Herausforderungen nicht vermeiden.

Ein Tipp Dietrich Bonhoeffers heißt deshalb:
„Tritt aus ängstlichem Zögern heraus in den Sturm des Geschehens."[9]

Du wirst frei von Angst, wenn du heraustrittst,
           dich ihr nicht auslieferst,
         sie bekämpfst.

Nimm Herausforderungen, die sich dir heute stellen, mutig an!

BESUCHS:ZEIT

Versäume nicht, die Kranken zu besuchen; sie werden dich dafür lieben.
Die Bibel in Sirach 7,39

Ich werde die zwei Besucher nie vergessen.
Mir ging es mies damals. Ich hatte ein dunkles Loch in meiner Seele. Alles war so sinn-
los und leer. Unbeschreiblich, wenn man es nicht selbst erlebt hat.
Und dann kam noch der Sportunfall hinzu. Ein ganzes Jahr an Krücken.
Als wenn die Depression nicht schon genug gewesen wäre!

Zwei Freunde hatten mich unabhängig voneinander besucht.
Keiner hatte viele Worte. Aber sie waren da gewesen.
Ihr Da-Sein,
    das Lachen,
        die Ehrlichkeit,
            die Hilflosigkeit,
                das Schweigen,
                    die Geschenke
... unvergesslich!

Sie waren wie zwei Lichtstrahlen in die Dunkelheit meiner Seele gefallen.
Sie hatten nicht auf ihre Unsicherheit gehört,
            nicht auf ihre Uhr geschaut,
                nicht auf ihre Worte vertraut.
Sie waren einfach nur da gewesen,
            hatten sich selbst verschenkt,
                haben sich nicht ab-, sondern zugewendet.
Ich habe sie bewundert und geliebt dafür.

Das passiert, wenn du Kranke besuchst!

....

....

....

....

....

CHRONO:METER

Ich habe gelernt, meine Unruhe zu dämpfen, wenn eine Situation danach schreit, sofort beachtet zu werden. Ich habe gelernt, dass die Zeit in der Regel auf meiner Seite ist – und dass ausgewogene Antworten besser sind als schnelle Antworten.
T.J. Addington

Schnelligkeit ist kein guter Ratgeber. Entscheidungen müssen wachsen und reifen – wie Beziehungen auch.
Die Schöpfung macht uns vor, wie das geht.
Wachstum geschieht. Ich kann es nicht machen.
Es liegt in der „Natur der Dinge", dass Wachstum nicht erzwungen werden kann.
Und nun aufgepasst: das gilt auch für die „Natur der Beziehungen" ...

> für eure Freundschaften,
> > eure Geschäftsbeziehungen,
> > > eure Ehen,
> > > > euer Eltern-Sein.

Alles Werden und Wachsen braucht Zeit – und dadurch unsere Geduld, unser Warten, unser Nachdenken, unser Anhalten.

Apropos „Anhalten":
Das Tempo unseres Lebens und unserer Entscheidungen ist so hoch geworden, dass weder unsere Seelen noch unser Denken mithalten können.
Unausweichlich beginnen wir Wesentliches zu übersehen und Grundlegendes zu vernachlässigen.
Vieles bleibt liegen,

> unsere Pflanzen verdorren,
> > enge Beziehungen leiden.

Eigentlich will das niemand.
Es muss also anders werden.
Peter Uffelmann rät uns:
„Achten Sie auf Ihre Geschwindigkeit, damit Sie nicht flüchtig werden."[10]

Wir müssen nicht mithalten können – wir müssen anhalten.
> Wir müssen nicht vordenken können – wir müssen nachdenken.
> > Wir müssen nicht mitmachen können – wir müssen bewusstmachen.

....

....

DA:SEIN

Es gibt zwei Arten von Menschen: Die einen sagen, wenn sie einen
Raum betreten: „So, da bin ich", die anderen: „Na, da seid ihr ja."
Unbekannt

Vor einiger Zeit habe ich von einem Bekannten Interessantes gehört:
Ein Satz, sagt man, geht seit Jahrhunderten um die ganze Welt. In jedem Land sei er
täglich präsent – vor allem in Kinderzimmern.
Wenn ein Kind nachts weint und die Eltern ans Bett des Kindes treten, dann – so hätten
Forscher das festgestellt – beugen sie sich über das Kind und sagen den Satz immer und
immer wieder:
„Ich bin da. Alles ist gut." – „Ich bin da. Alles ist gut."
Na, kennt ihr ihn auch?

Das ist wahrlich kein Passivsatz,
            kein Bedingungssatz,
                    kein Fragesatz,
eher ein Aktivsatz,
            ein Hauptsatz,
                    ein Ausrufesatz.
Außerdem ein Merksatz,
            ein Grundsatz,
                    ein Modellsatz.
Kein billiger Trost,
        nicht viele Worte,
                keine schnelle Lösung.
„Ich bin da!"
Das verändert alles. Das heißt:
Du bist nicht allein. Du wirst begleitet. Du kannst durchatmen.

Und nun kommt's:
Jede Ehe lebt vom Da-Sein der Partner.
        Jede Familie lebt vom Da-Sein der Angehörigen.
            Jede Gemeinschaft lebt vom Da-Sein der Mitglieder.
Sei da – und finde heraus, für wen das gerade wichtig wäre!
Und noch etwas:
Gott, der Liebhaber der Menschheit, antwortet mal auf die Frage nach seinem Namen
mit den drei Worten „Ich bin da" (2. Mose 3,14; GNB).
So heißt Gott. Alles kann gut werden.

EINSAMKEITS:GEFÜHL

Bete, dass deine Einsamkeit der Stachel werde,
etwas zu finden, wofür du leben kannst,
und groß genug, dafür zu sterben.
Dag Hammarskjöld (1905-1961)

Immer mehr Menschen fühlen sich in unserer Gesellschaft einsam.
Und Einsamkeit tut weh.
Betroffene fliehen gerne ... nur leider manchmal in die falsche Richtung.
Denn Einsamkeit ist ein beliebter Auslöser für Abhängigkeiten ... viel zu schnell wird
aus einer tiefen Sehnsucht nach Gemeinschaft eine bodenlose Sucht.

Spiel mal ein wenig mit den Gedanken des Psychologen Uwe Böschemeyer:
Einsamkeit fordert die Antwort auf die Frage heraus, worauf es im Leben wirklich und
letztlich ankommt. Wenn keiner mehr in der Nähe ist und die Einsamkeit unserer
Seele den Atem nimmt, dann stellt sich die Frage, [...] worauf man sich noch verlassen
kann, wenn man vom Leben verlassen zu sein scheint.
Fragen, die uns am tiefsten bohren, bringen manchmal die tiefsten Antworten.[11]
So zu denken ist hart – kann aber heilsam werden.

Unsere Einsamkeit stellt uns die Frage nach unserer wirklichen Identität:
Wer bin ich ohne andere?
    Was hält mich?
        Wem vertraue ich?
            Worauf kann ich mich verlassen?

Ein letzter Gedanke:
Fachleute bezeichnen Einsamkeit als ein Gefängnis, dessen Türen nur von innen
geöffnet werden können. Das heißt: Unter Einsamkeit leidende Menschen müssen
selbst aktiv werden,
    andere Einsame suchen,
        in der Gegenwart leben,
            sich nicht ständig mit sich selbst beschäftigen,
                anderen Menschen dienen.

....

....

....

FÜR:SPRECHER

Die Liebe will nichts von dem anderen. Sie will alles für den anderen.
Dietrich Bonhoeffer

Was ist eigentlich Liebe?
Unzählige Antworten findet man in der Weisheitsliteratur.

Ein Beispiel:
Aelred von Rievaulx (1146–1167), der englische Mönch, Prediger und Schriftsteller,
verfasste zahlreiche Bücher und Schriften. In seinem Werk „Über den Spiegel der Liebe"
schreibt er in Form einer Zwiesprache mit Gott über die Bedeutung der christlichen Liebe:

*„Aber was ist die Liebe, du mein Gott? Meiner Erfahrung nach ist sie eine wunderbare
Freude des Geistes, [...] um so beglückender, je großmütiger sie ist. [...] Die Liebe ist die
Ruhe für den Müden, das Obdach für den Wanderer, das volle Licht für den Ankommen-
den und die vollendete Krone für den Sieger."*

Große Liebe ist umso größer, je „großmütiger" sie ist,
                je freigiebiger sie ist,
                    je aufmerksamer sie ist,
                        je aufrichtiger sie ist,
                            je hilfsbereiter sie ist,
                                je rücksichtsvoller sie ist.
Große Liebe ist immer „für" den Mitmenschen:
Frieden für den Friedlosen,
    Hilfe für den Hilflosen,
        Schutz für den Schutzlosen,
            Heilung für den Heillosen.

Das kleine Wort „für" zeigt die Richtung, den Weg.
Für den anderen sprechen,
    für den anderen sehen,
        für den anderen denken,
            für den anderen handeln.

Immer „für" – und immer für „dich"!
Liebe denkt nicht „ich", sondern „du" und „wir"!

Könnte man Liebe demnach mit den zwei kurzen Worten „für dich" umschreiben?
Könnte das eine hilfreiche Definition sein?

GEDANKEN:LESER

Freut euch mit denen, die sich freuen; weint mit denen, die weinen.
Die Bibel in Römer 12,15

Guter Tipp, den der Gelehrte Paulus hier in die Welt schreibt.
Der Haken an der Sache ist, dass kein Menschen Gedanken-Leser ist, dass wir oft nicht wissen, was unsere Mitmenschen zum Lachen oder zum Weinen bringt.

Wenn ich es richtig sehe, gibt es genau zwei Wege, das herauszufinden:
Interesse und Information.

Ich erklär's:
Wenn du wissen willst, was mich freut,
was mich stört,
was mir weh tut,
was mich bedrückt,
frage mich, erkundige dich, interessiere dich.

Und umgekehrt gilt:
Wenn ich will, dass du weißt, wie's mir geht, muss ich mit dir reden,
mich öffnen,
dich informieren!

Anders geht's nicht.
Es geht nicht ohne Nachfragen (Interesse),
nicht ohne Erklärungen (Information).

Aber Vorsicht!
Mitgefühl, wie das Ziel heißt, hat auch zwei Feinde:
Vermutung und Gerücht.
Was haben die beiden nicht schon alles kaputt gemacht!
Stell also keine unsicheren Vermutungen an.
Setz auch keine unsicheren Gerüchte in die Welt.
Das tun nur vermeintliche Gedanken-Leser.

Bleib bei der Wahrheit,
bleib nah am Herzen,
bleib weg von Gedanken-Lesern!

HÖR:VERMÖGEN

*Für manche Leute bedeutet Zuhören, ungeduldig auf die Gelegenheit warten,
bei der sie „Das erinnert mich an ..." einwerfen können.*
Unbekannt

Kürzlich gelesen:
*„Hast du dich aber verändert, Henry! Du warst doch immer so groß, und jetzt kommst du
mir so klein vor. Du warst doch immer so stattlich, und jetzt erscheint du mir so schmal. Du
warst doch immer so blass, und jetzt bist du so braun. Was ist nur mit dir los, Henry?"
„Ich heiße gar nicht Henry, ich heiße John." – „Ach, deinen Namen hast du auch geändert!?"*[12]

Da hat einer nicht damit gerechnet, falsch zu liegen,
     hat nur gehört, was er hören will – hat also nicht gut hingehört.

Das Hör-Vermögen, die Kunst des Zuhörens, lässt sich grob in drei Appellen ausdrücken:

Mund halten
Geht ganz einfach: länger zuhören als reden. Ist eh effektiver, denn – so habe ich gehört
– wer zuhört, kann 400 Worte pro Minute aufnehmen, reden kann man in der gleichen
Zeit nur rund 125 Worte.

Blickkontakt halten
Sehr herausfordernd: Emotionen „hören",
        Reaktionen beobachten,
           Unausgesprochenes wahrnehmen.

Fragen stellen
Kennst du die Legende von König Krösus, dem letzten König des kleinasiatischen Lydiens?
Seinen sprichwörtlichen Reichtum („reich wie Krösus") verdankt er den Goldbergwerken
der Gegend von Pergamon. Angeblich befragte er auf dem Höhepunkt seiner „Karriere"
das Orakel von Delphi, ob er gegen die Perser zu Feld ziehen solle. „Wenn du gegen die
Perser ziehst, wirst du ein großes Reich vernichten", so prophezeite das Orakel. Er hörte
in dieser Aussage nur das, was er hören wollte und fragte nicht nach, welches Reich
gemeint war. Sofort begann er den Krieg gegen die mächtigen Perser. So vernichtete er
ein großes Reich – nämlich sein eigenes.

Also: Hör nicht nur das, was du hören willst.
     Frag nach, was gemeint ist.

IMMER:WÄHREND

Ewig wahr ist, dass keine Nation sich frei nennen kann, bei der die Freiheit nur ein Vorrecht, nicht aber ein Grundgesetz ist.
Harriet Beecher-Stowe (1811-1896)

Schon mal was von der „Ewigkeitsklausel" gehört?
Im bundesdeutschen Grundgesetz gibt es einige Bestimmungen, die niemals aufgehoben werden können. Dazu gehört zum Beispiel das Grundrecht „Die Würde des Menschen ist unantastbar".
Das ist immer-während, ewig, unberührbar.
Die Verfasser des Grundgesetzes wollten Deutschland durch die Ewigkeitsklauseln davor schützen, jemals wieder die Freiheit zu verlieren.
Freiheit gilt ewig,
    ist unaufgebbar,
        muss geschützt werden.

Doch nicht nur staatliche Grundordnungen brauchen Ewigkeitsklauseln – auch unsere Beziehungen brauchen das.
Manches dürfen wir niemals aufgeben,
            darf uns niemals genommen werden,
                darf niemals aufs Spiel gesetzt werden
... sonst stirbt die Schönheit der Beziehungen.

Was könnte das Unaufgebbare, das Immerwährende, das Ewige sein?
Der deutsche Dichter und Erzähler Matthias Claudius (1740–1815) hat dazu folgende Meinung:

Der Mensch ist für eine freie Existenz gemacht, und sein innerstes Wesen sehnt sich nach dem Vollkommenen, Ewigen und Unendlichen als seinem Ursprung und Ziel.

Da haben wir sie wieder: die Freiheit und ergänzend die Sehnsucht nach dem Immer-Währenden.
Wer in Beziehungen anderen Menschen die Freiheit nimmt, seine eigene Freiheit zum Maß macht, missachtet die Achtung, züchtet manchmal sogar Ver-Achtung.
Beziehungen lassen Freiheit wachsen – und Freiheit führt zur Achtung.
Das ist ein lebenslanger Lernprozess,
        ein immer-währender Anspruch,
            eine ewige Lebensaufgabe.

JAMMER:LAPPEN

Verschwenden Sie nicht Ihre Zeit damit, dem Jammerer helfen zu wollen.
Der Jammerer will Publikum, keine Lösungen.
Unbekannt

Wer mag schon Jammer-Lappen? Wer will ihr Nörgeln hören?

Ein schwedisches Sprichwort gibt uns den Rat:
Jammere weniger – atme mehr.

Ich führe das mal fort:
Klage weniger – lächle mehr.
Beweine weniger – gewinne mehr.
Beschwere dich weniger – bewirke mehr.
Bemitleide dich weniger – hilf mehr.
Beschuldige weniger – vergib mehr.
Nörgle weniger – tu mehr.
Du selbst gewinnst dadurch.

Und für deinen Umgang mit ewigen Nörglern gilt:
Kommentiere weniger – schweige mehr.
Ärgere dich weniger – hinterfrage dich mehr.
Ignoriere weniger – fordere mehr heraus.
Rede weniger negativ – antworte mehr positiv.

Noch ein Tipp aus der Bibel für beide Seiten:

„Das, was ihr sagt, soll gut, angemessen und hilfreich sein;
dann werden eure Worte denen, an die sie gerichtet sind, wohl tun."
Epheser 4,29 (NGÜ)

....

....

....

....

....

KRITIK:PUNKT

Kritik ist kein abwertendes Werturteil, sondern nur Hilfe für das Werdende.
Deutsches Sprichwort

„Ich würde mal gerne mit dir reden." Mein Freund nahm mich auf die Seite und begann:
„Du hast dich in den vergangenen Monaten negativ verändert." Er schilderte mir einige
Situationen, in denen ihm das aufgefallen war.
Ich konnte ihm jede dieser Situationen meiner Meinung nach plausibel erklären.
Und plötzlich stand ich wieder gut da … zumindest vor mir selbst.

Keiner wird gern kritisiert. Und doch gilt:
Gute Kritik hilft uns zu wachsen,
        mehr aus uns zu machen,
                nicht bei mir selbst stehen zu bleiben.

Zurück zum Gespräch mit meinem Freund:
Ein paar Tage nach dem Kritikgespräch brach ich morgens zusammen. Ein Schwäche-
anfall. Es dauerte Monate, bis ich wieder ganz bei Kräften war.

Und irgendwann in diesen Monaten fiel es mir wie Schuppen von den Augen: Er hatte
in allen Punkten recht gehabt. Ich hatte meine Wirklichkeit nicht mehr richtig gesehen,
war blind gewesen für die Realität meines Lebens.

Ich habe gelernt (hoffentlich fürs restliche Leben): Wenn Menschen, die mich gern
haben, mich kritisieren, haben sie zu 99 % recht. Damit rechne ich.
Seitdem lebe ich besser.

Nicht mehr nur aus meiner „Darauf-Sicht",
        nach meinem „Dafür-Halten",
           mit meinem „Lebens-Horizont" –
sondern mehr wirklich, wahr und realistisch.

Das ist der wichtigste Punkt bei aller Kritik, der wahre Kritik-Punkt.

....

....

....

LEID:TUN

Ein weiser Mann scheut das Bereuen. Er überlegt seine Handlung vorher.
Epicharmos (um 550–460 v. Chr.)

Kürzlich habe ich von einer Studie gelesen, die Karl Pillemer in den USA durchgeführt hat.
Er fragte Hunderte von Menschen, die über 65 Jahre alt sind: „Was bereust du am meisten, wenn du auf dein bisheriges Leben zurückblickst?"
Die Antwort hat ihn sehr überrascht.
Die meisten Menschen antworteten, dass es ihnen leid täte,
sich so viele Sorgen im Leben gemacht zu haben,
     so viel Zeit durch Angst vor noch nicht Eingetroffenem vergeudet zu haben.

Wenn du also im Alter wenig bereuen willst, denk mal über Folgendes nach:
Unser ganzes Leben ist von der Sorge bestimmt.
Die Sorge treibt uns an zu arbeiten,
    den Lebensunterhalt zu verdienen,
      die Zukunft abzusichern,
        den Besitz zu mehren.
Erst mit dem Tod hört das Sorgen auf.

Der Theologe und Philosoph Martin Heidegger analysiert daher treffend:
„Der Mensch ist wesentlich einer, der sich sorgt!"
Und doch: Ein Großteil der Sorgen ist unnötig!

Eine weise Frau hat den Satz gesagt: *„Ich habe viele Befürchtungen
in meinem Leben gehabt – und die meisten sind nie eingetroffen."*

Stimmt. Die meisten Sorgen sind gar keine echten Sorgen.
Es sind nur diese „Was-wäre-wenn-Sorgen".
     Es sind lediglich Gedankengebäude.
        Es sind bloß Möglichkeitsvermutungen.
Wir konzentrieren uns dann auf Dinge, die eventuell eintreffen.

Das kostet Kraft im Heute und ändert nichts am Morgen.
   Das trübt die Freude am Heute und verunsichert die Erwartung an Morgen.
     Das verdunkelt das Heute und vernebelt das Morgen.

Der beste Tipp kommt meiner Meinung nach von Jesus Christus (Matthäus 6,34; NGÜ):
Macht euch keine Sorgen um den nächsten Tag!
Der nächste Tag wird für sich selbst sorgen.

MÖGLICHKEITS:FORM

Nur der liebende Blick sieht den anderen in seiner Möglichkeitsform, das heißt so, wie er sein könnte, wenn er mit seinen individuelle Möglichkeiten und Fähigkeiten zum Zuge gekommen wäre, und nur mit diesem Blick wird man anderen – und übrigens auch sich selbst – gerecht.
Abtprimas Notker Wolf [13]

Das ist hier die Frage:
Mit welchen Augen sehen wir die Menschen, zu denen wir in Beziehung stehen?
Welche Möglichkeiten sehen wir in ihnen?

Sehen wir nur die Defizite,
           die Unzulänglichkeiten,
              die Unfähigkeiten?
Das wäre ein liebloser Blick – ein liebevoller Blick dagegen sieht tiefer.
Er sieht immer mehr die Stärken als die Schwächen,
           immer mehr die Zukunft als die Vergangenheit,
              immer mehr die Möglichkeiten als die Defizite.

Was könnte ein liebevoller Blick alles bewirken?!
Er würde Menschen stützen und schützen,
              halten und heben,
                 anspornen und annehmen,
                    fordern und fördern,
                       ermutigen und einbeziehen,
                          stärken und schätzen,
                             heilen und helfen.
Und wenn er dich selbst „trifft", tut er das auch.

In diesem Sinne empfiehlt ein altirischer Segenswunsch:
„Wen du auch triffst, wenn du über die Straße gehst,
           ein freundlicher Blick von dir mache ihn froh."

....

....

....

....

NACH:DENKEN

Nachdenken über mich selbst ist das Leben des Lebens – und wir denken so
wenig nach! Wie selten machen wir unser Leben zum Leben!
Johann Kaspar Lavater (1741–1801)

Warum eigentlich? Warum ist in einer menschlichen Beziehung das Nach-Denken über
mich selbst so wichtig?

Ein paar Antwortversuche – versuch mal mitzudenken:
Wer seinen Verstand nicht einschaltet,
    schaltet seine Mitwirkung am Leben aus und wird gelebt!
Wer nicht bewusst denkend lebt,
    wird andere Menschen unbewusst übersehen!
Wer gedankenlos lebt,
    wird interessenlos enden!
Wer sein Hirn nur selten gebraucht,
    wird schnell von anderen missbraucht!
Wer seinen Verstand nicht mehr mit intensivem Nach-Denken füttert,
    wird bald von der Oberflächlichkeit verschlungen!
Wer nicht nachdenkt,
    wird sich nie verändern!

Kurz gesagt: Wer denkt, der lebt!

Nur wer im Denken reift,
    kann feststehen,
        Richtung geben,
            Gutes tun,
                Wesentliches entdecken,
                    gewinnt Kraft.

Nimm dir heute 15 Minuten Zeit, um über dich nachzudenken!

....

....

....

....

OHR:WURM

Kein Mensch will etwas anderes hören als Segen und Trost.
Unbekannt

Es bleibt mir unvergesslich: Vor einigen Jahren wurde ich zu Beginn einer Veranstaltung von einem Jugendlichen interviewt. Er machte das zum ersten Mal, war etwas unsicher, zitterte und sprach sehr leise am Mikrofon vorbei. Irgendwie tat er mir leid.
Als er mich vor der Veranstaltung fragte, ob ich die Interviewfragen vorher wissen wolle, verneinte ich selbstsicher. Später wünschte ich mir, ich hätte mit Ja geantwortet.
Denn seine krönende Abschlussfrage hat mich doch etwas aus der Bahn geworfen:
„Wenn dich jeden Morgen ein Engel wecken würde – welche Worte sollte er dir ins Ohr flüstern?"
Jetzt war ich dran mit Zittern und leise Sprechen. Meine Hirnverbindungen suchten vergeblich nach Verknüpfungen.

Was hättest du geantwortet? Welchen Ohr-Wurm würdest du gerne jeden Morgen in Herz und Hirn pflanzen lassen?

Wie wär's mit folgenden Antworten?
    „Reiß dich zusammen!"
        „Lass dich nicht hängen!"
            „Nimm dich nicht so wichtig!"
                „Bessere dich!"
                    „Gib alles!"

Doch eher nicht.
Keiner will das hören, schon gar nicht von einem Engel.

Schauen wir in die Bibel, das Spezialbuch für Himmelsboten, entdecken wir:
Die zentralen und bewegendsten Botschaften des Himmels sind
„Ich bin da" und *„Ich liebe dich"*.
Von Gott zu Mensch – und von Mensch zu Mensch.

Durch diese Ohr-Würmer verändert sich alles.

....

....

....

PLATZ:HIRSCH

Der Mensch hat auf Erden nichts, was er als sein ewiges
Eigentum beanspruchen und aufrechterhalten kann.
Wilhelm Raabe (1831–1910)

Keiner mag Enge.
Wir alle brauchen Platz.
Und deshalb beanspruchen wir ihn auch.

Wir haben einen Körper,
    wir haben viele Besitztümer
        und wir brauchen Raum dafür.
Wir füllen Räume mit unserer Gegenwart,
               unseren Worten,
                 unserem Lachen,
                   unserem Auftreten.
Wir füllen Köpfe mit unseren Gedanken,
               unseren Einsichten,
                 unseren Meinungen.

Das Problem:
Es gibt immer Raum-Probleme für Platz-Hirsche!
Sie verursachen Konflikte – und neben ihnen kann niemand existieren.

Denk mal über Folgendes nach:
Immer, wenn du etwas von dem Raum freigibst, den du beanspruchst,
schaffst du mehr Raum für die Gaben deiner Mit-Bürger,
        mehr Platz für die Präsenz deiner Freunde,
          mehr Weite für die Möglichkeiten deiner Mitmenschen.

So entsteht ein Raum, der bis zum Rand gefüllt ist mit dem Besten, was jeder von uns
einbringen kann … und das ist allemal mehr, als wir allein zu bieten hätten.

Gib heute Platz frei für andere!

....

....

....

QUALITÄTS:ZEICHEN

Qualität ist kein Zufall, sie ist immer das Ergebnis angestrengten Denkens.
John Ruskin (1819–1900)

Wir alle wünschen uns qualitativ gute Beziehungen.
Nichts Oberflächliches,
    nichts Belangloses,
        nichts Zerbrechliches.

Wir leihen uns mal ein paar Qualitäts-Arten aus dem Hotelmanagement:

Basisqualität.
Gemeint ist alles, was der Gast selbstverständlich erwarten kann,
        was ihn nicht überschwänglich werden lässt,
        was ihn ärgert, wenn's nicht stimmt.
Das ist die Basis, nichts Besonderes – aber Qualität.
Verlässliche Beziehungen leben ebenso von dieser Basis.

Überraschungsqualität
Es geht um eine Qualität, die über die Erwartungen der Gäste hinausgeht,
        die ein Aha-Erlebnis oder ein Oh-Erlebnis vermitteln.
Es geht um ein beständiges Von-den-Augen-ablesen und Weiter-Denken der Wünsche des Gastes.
Wieviel mehr leben auch unsere Beziehungen von Überraschungen,
        Aufmerksamkeiten,
        Wunscherfüllungen,
        Geschenkpaketen.

Problemlösungsqualität
Wie wir Probleme lösen, zeigt, wie hoch unsere Qualität ist.
Die Kunst ist nicht zu problematisieren, sondern Lösungen zu finden,
        nicht zuerst einen Schuldigen zu suchen, sondern eine Lösung.
Das ist die Grundeinstellung jedes Gastgebers … und jedes Beziehungs-Menschen.
Wir lassen nicht zu, dass Probleme uns bestimmen,
        dass Schuld uns trennt,
        dass Ursachenforschung bloßstellt.
Wir lösen!

So sieht Beziehungs-Qualität aus.
Achte auf die Basis, plane die Überraschung, löse das Problem!

RECHT:HABER

Seine Meinung ist die rechte,
*   wenn er spricht, müsst ihr verstummen,*
*   sonst erklärt er euch für Schlechte*
*   oder nennt euch gar die Dummen.*
Leider sind dergleichen Strolche
*   keine seltene Erscheinung.*
*   Wer nicht taub ist, meidet solche*
*   Ritter von der eignen Meinung!*

Wilhelm Busch (1832–1908)

Einer meiner prägenden Begleiter notierte sich am Anfang von wichtigen Sitzungen drei Buchstaben: WSL. Auf die Frage, was das bedeute, antwortete er: „Was sagen lassen." Außerdem wies er mich noch auf folgende Buchstaben hin: AKAAS. Bedeutet: „Alles kann auch anders sein". Ein Satz des Psychologen Alfred Adler aus dem Jahr 1933. Er wolle sich damit erinnern, erklärte er mir, dass er immer damit rechnen müsse, dass auch andere Recht haben können.
Beide Erinnerungsakronyme rebellieren gegen die Rechthaberei.

Recht-Haber sind Besser-Wisser,
                Wahrheit-Besitzer,
                    Bloß-Steller,
                        Klein-Macher,
                            Über-Geher,
                                Miss-Achter.
... und das mit Wiederholungszwang.

Sie müssen sich beweisen,
        müssen Überlegenheit spüren,
            müssen Bestätigung hören
... und werden dadurch unerträglich für ihre Mitmenschen.

Unglücklicherweise steckt der Recht-Haber in uns allen.

Vielleicht würde es ja helfen, die Erinnerungsabkürzungen von oben in unseren Alltag zu integrieren? Und vielleicht fallen uns ja noch weitere Abkürzungen ein?

Wie wär's heute mit NRHW („Nicht Recht-Haben wollen")?

SYSTEM:DENKEN

Verabscheut das Böse, haltet euch unbeirrbar an das Gute.
Die Bibel in Römer 12,9 (NGÜ)

Alles Elend dieser Welt beginnt mit der Entscheidung, Böses nicht mehr zu verabscheuen, nicht mehr zu bekämpfen, nicht mehr zu missachten.
Alles Elend dieser Welt beginnt mit der Entscheidung, das Gute nicht mehr zu wollen, nicht mehr anzustreben, nicht mehr zu umarmen.
So stirbt die Liebe, das Gute, das Heilsame.

Alles Elend menschlicher Beziehungen hat denselben Ursprung.
Böses wird nicht mehr gehasst und bekämpft, sondern akzeptiert und etabliert.
Selbst in den engsten Beziehungen schleicht sich das ein.
Wir etablieren ein System der Revanche – anstelle eines Systems des Friedens.
Wir etablieren ein System der Missachtung – anstelle eines Systems der Ehrfurcht.
Wir etablieren ein System der Vergeltung – anstelle eines Systems der Versöhnung.
Wir etablieren ein System der lauten Worte – anstelle eines Systems der liebevollen Worte.
Das macht kaputt!

Die Kennzeichen eines „bösen Systems" ist, so hat ein befreundeter Theologe aus Kanada mir erklärt: Es schadet mir selbst, verletzt andere und bricht Gottes Herz *(it harms myself, hurts others and breaks God's heart)*!

Überall, wo Beziehungen kaputt gehen,
              Menschen kaputt gehen,
                  Glaube kaputt geht
… dort hat das zerstörende System gewonnen, dort wird gut über das Böse gedacht.

Wenn wir Beziehungen retten möchten, müssen wir das Böse verabscheuen (nicht „die Bösen"). Wenn wir Beziehungen heilen möchten, müssen wir das Gute festhalten.

Das gute System heißt:
Gutes wollen – Böses hassen.
    Heilung umarmen – Verletzung verabscheuen.
        Aufbauendes begrüßen – Schädliches verabschieden.

Kämpfe heute gegen krankmachende und kränkende Systeme in deiner Umgebung und in deinen Beziehungen!

TODES:MUTIG

Lehre uns zu bedenken, wie wenig Lebenstage uns bleiben,
damit wir ein Herz voll Weisheit erlangen!
Die Bibel in Psalm 90,12 (NGÜ)

Die Wahrscheinlichkeit, dass wir sterben, liegt bei nahezu 100 %.
Keiner kommt daran vorbei ... aber selten nimmt das jemand ins Leben.
Aber: Ich kenne einen, der das fast anstößig getan hat.

In seinem Buch „Mein Deadline-Experiment" beschreibt der Pfarrer Heiko Bräuning,
wie er sich einen Todestag gesetzt hatte, den 16.04.2016, um sein Sterben ins Leben zu
nehmen. Er wollte gegenwärtig haben, dass sein Leben ein Ende haben wird. Ihm half es,
mit seiner Zeit nicht oberflächlich umzugehen, sondern bewusst zu leben ... mit seiner
Frau, den Kindern, den Freunden, seinem Beruf, seinen Werten, seinem Glauben. Sollte
der Tod am 16.04.2016 nicht eintreten, könne das Leben danach noch einmal richtig
losgehen, so schreibt er.
Das hat alles verändert.

Makaber?
Vielleicht ... aber vielleicht auch nicht.
Was hat er dadurch verpasst? Was hat er zu bereuen gehabt? Was ist falsch daran, im
Bewusstsein des Sterbens zu leben?

Es war sein Weg, bewusst zu leben,
                Qualität zu sichern,
                        Entscheidungen im Licht der Ewigkeit zu treffen,
                              seine Werte und Wege klug zu hinterfragen.
Es war sein Weg, gegenwärtiger zu sein,
                genussvoller,
                    dankbarer.

Ist das bedenklich?
Ja.
Das sollten wir alle miteinander bedenken, „damit wir ein Herz voller Weisheit erlangen".

....

....

....

UMKEHR:SCHRITT

Durch Umkehr und Ruhe werdet ihr befreit
Die Bibel in Jesaja 30,15 (GNB)

Wir alle brauchen immer wieder „Umkehr".
Wir können nicht ein Leben lang richtig liegen,
                  recht haben,
                      auf dem rechten Weg sein.
Wir müssen ein Leben lang immer nachjustieren,
                immer weiter wachsen,
                immer Neues wagen.

Im Lauf meines Lebens waren für mich schon viele Umkehr-Schritte dran:
Umkehr vom Äußeren zum Inneren,
        vom Stolz zur Nähe,
          von der Macht zur Demut,
            vom Zuschauen zum Handeln,
          vom Tun zum Sein,
            von Gleichgültigkeit zur Verantwortung,
           vom Urteilen zum Annehmen,
            vom Buchstaben zum Geist,
            von Schuld zur Vergebung.

Es gibt einfach zu viele Sackgassen, die Umkehr nötig machen.
Das Problem: Wir nehmen Sackgassen oft nicht als Umkehrpunkte wahr.
Wir halten sie regelmäßig für Parkplätze,
                Kurven oder Zielorte.

Nur wenn wir anhalten und innehalten, werden wir entdecken,
wo wir gerade stehen,
    wohin wir idealerweise gehen,
      ob und wann Umkehr wichtig wäre.
Und nur wenn wir umkehren, werden wir frei.

Ein guter Nebeneffekt dabei könnte sein:
Wenn wir selbst umkehren, werden auch unsere Mitmenschen leichter umkehren.

....

....

VOR:SILBE

Ein Urteil läßt sich widerlegen,
aber niemals ein Vorurteil.
Marie Freifrau von Ebner-Eschenbach (1830-1916)

Vor der Freude lächelt die Vor-Freude.
   Vor dem Geschmack duftet der Vor-Geschmack.
      Vor dem Haben gewinnt das Vor-Haben.
         Vor der Sorge plant die Vor-Sorge.
            Vor der Stellung steht die Vor-Stellung.
               Vor dem Urteil richtet das Vor-Urteil.
                  Vor der Leistung schuftet die Vor-Leistung.

Vorfreude oder Freude, Vorurteil oder Urteil, Vorleistung oder Leistung, Vorgeschmack
oder Geschmack – was ist eigentlich ursprünglicher, wichtiger, intensiver, stärker?

Ich habe eine Vor-Ahnung ... oder ist es bereits eine Ahnung?
Die Vor-Silbe „Vor" zeigt noch lange nicht an, was wichtiger ist.
Der Vor-Geschmack kann intensiver sein als der Geschmack.
   Das Vor-Urteil kann heftiger sein als das Urteil.
      Die Vor-Leistung kann umfangreicher sein als die Leistung.
         Die Vor-Freude kann stärker sein als die Freude.

Die Vor-Silbe zeigt lediglich eine zeitliche Reihenfolge.
Das ist wichtig.

Für unsere Beziehungen bedeutet das:
Achte auf die Vor-Silben, die Anfänge – sie sind nicht das Letzte, sie führen weiter!

Zum Beispiel:
Pflege die Vor-Freude.
   Genieße den Vor-Geschmack.
      Bekämpfe das Vor-Urteil.
         Höre auf die Vor-Warnung.
            Entlarve die Vor-Täuschung.

Das kann helfen.
Und: Vor-Sicht bei den Vor-Silben ... sie werden dein Leben prägen!

WEG:GEFÄHRTE

Befiehl dem Herrn deine Wege und hoffe auf ihn.
Die Bibel in Psalm 37,5 (LUT)

Ob du dich auf eines meiner Gebete an Gott einlassen kannst?
Ich probier's einfach ... vielleicht sprechen die Worte dir ja aus dem Herzen und ins Herz.

Mein Gott.
Ein Weg liegt hinter mir:
Die Unruhe meiner Seele
      und die Ruhe des Alleinseins.
Die offenen Fragen
      und die verschlossenen Türen.
Die unausgesprochenen Worte
      und die vernachlässigten Taten.

Ein Weg liegt vor mir:
Die Forderungen der Menschen
      und die Herausforderungen des Unausweichlichen.
Die Unterforderungen derer, die mir nichts zutrauen
      und die Überforderungen derer, die mich überschätzen.

In allem:
Mein Weg liegt vor Dir, mein Gott,
    das Vergangene und das Zukünftige,
      das Gelungene und das Verpasste,
        das Herausfordernde und das Leichte.

In allem:
Du bist da,
      und in allem bist Du!
Nur mit Dir!
    Nur zu Dir!
      Wohin sonst?

Mir helfen solche Gebete, die Wege meines Lebens einsam zu gehen,
      nicht nur auf mich selbst zu hoffen,
        auch Hilfe von „außen" und „oben" anzunehmen.

ZORN:ENTBRANNT

Bist du zornig, zähl bis vier ... und hilft das nichts, dann explodier.
Mark Twain

Zorn ist oft explosiv, das ist wahr. Wer schon einmal zerstörerischen Zornausbrüchen ausgesetzt war, weiß das. Es gibt schönere Dinge im Leben.
Zerstörender Zorn umfasst alle unsere Beziehungen,
unser Familienleben,
unsere Sitzungen,
unser Geschäftsleben,
unser Vereinsleben,
unsere Freundschaften,
unsere Telefonate,
unsere Internetkommentare, ...
in allen Bereichen überrascht uns immer und immer wieder der Zorn und bringt uns in Gefahr, unvernünftig zu werden und unwürdig zu kommunizieren.

Es gibt übrigens auch eine gesunde Seite des Zorns. Das ist seine Energie.
Wir verwenden diese Energie z. B. dafür, dass Unrecht korrigiert wird,
Ungerechtigkeit bekämpft wird,
Wunden geheilt werden.
Wie aber können wir der ungesunden Seite des Zorns entgegenwirken?

In der Bibel hab ich zwei Tipps gelesen, die praxiserprobt andere Menschen vor unserem destruktiven Zorn schützen.

1. *„Wenn ihr zornig seid, dann versündigt euch nicht. Legt euren Zorn ab, bevor die Sonne untergeht."* (Epheser 4,26; NGÜ)
Heißt: Lasst nicht zu, dass der Zorn euch zu lange begleitet.
Lasst nicht zu, dass Verbitterung Raum in euren Herzen gewinnt.
Lasst nicht zu, dass negative Gedanken Raum in eurem Denken gewinnen.
Lasst nicht zu, dass der Hass in euren Seelen Raum gewinnt.
2. *„Wenn ihr zornig seid, dann versündigt euch dabei nicht! Denkt nachts auf eurem Lager nochmals nach und schweigt!"* (Psalm 4,5; NGÜ)
Heißt: Bevor ihr andere die zerstörerische Kraft des Zorn spüren lasst, zieht euch nochmal zurück, schweigt und schlaft drüber. Werdet keine „Wut- oder Zornbürger", die immer alles gleich herausschreien oder herausschreiben!
Schweigen bringt unsere Gefühle zur Ruhe, schaltet die Vernunft an, zügelt den Zorn.

Gute Tipps, finde ich.

NEIN:SAGEN

JA und NEIN sind Hinweise darauf,
wo unsere Schwerpunkte liegen.

ALT:WERDEN

Wer im zwanzigsten Jahr nicht schön,
im dreißigsten Jahr nicht stark,
im vierzigsten Jahr nicht klug,
im fünfzigsten Jahr nicht reich ist,
der darf danach nicht hoffen.
Martin Luther

… aber beten kann jeder Alternde – und das sind wir ja alle irgendwie. Vielleicht so, wie Teresa von Avila (1515–1582), die spanische Mystikerin und Kirchenlehrerin:

Herr, du weißt, dass ich von Tag zu Tag älter werde – und eines Tages alt. Bewahre mich vor dem Drang, bei jeder Gelegenheit und zu jedem Thema etwas sagen zu müssen.

Erlöse mich von der großen Leidenschaft, die Angelegenheiten anderer ordnen zu wollen. Lehre mich nachdenklich, aber nicht grüblerisch – und hilfreich, aber nicht beherrschend zu sein.

Lehre mich schweigen über meine Krankheiten und Beschwerden. Sie nehmen zu und die Lust, sie zu beschreiben, wächst von Jahr zu Jahr. Ich wage nicht, die Gabe zu erflehen, Krankheitsschilderungen anderer mit Genuss zu lauschen, aber lehre mich, sie geduldig zu ertragen.

Mein umfangreiches Wissen sollte eigentlich nicht brach liegen, sondern weitergegeben werden. Aber du verstehst, Herr, dass ich mir ein paar Freunde erhalten möchte.

Bewahre mich vor der Aufzählung endloser Einzelheiten und verleihe mir Schwingen, zum Kern der Sache zu kommen.

Lehre mich, an anderen Menschen unerwartete Talente zu entdecken, und verleihe mir, o Herr, die schöne Gabe, sie auch zu erwähnen.

Lehre mich die wunderbare Weisheit, dass ich mich irren kann.
Erhalte mich so liebenswert wie möglich.
Ich möchte kein Griesgram sein, aber auch keine Heilige,
denn mit ihnen lebt es sich so schwer.

Amen.

Da steckt viel Weises und Wahres drin.
Nimm dir einen Punkt aus dem Gebet von Teresa – und achte heute darauf.

BEGRÜSSUNGS:ZEREMONIE

Wer nicht grüßt, dem wird auch keiner winken.
Deutsches Sprichwort

Kürzlich war ich auf einer Kreuzfahrt. Als wir einen großen Mittelmeerhafen verließen, kam uns ein anderes Kreuzfahrtschiff entgegen. Die Menschen auf den Balkonen dieses Schiffes fingen wie wild an zu winken. Ich war schon fast versucht zurück zu winken.
Warum eigentlich?
Warum winkt man eigentlich?
Warum winkt man eigentlich (nicht) zurück?
Winkt man zum Abschied anders als zur Begrüßung?

Und seltsam:
Menschen winken, Tiere nicht.
Das hat der Verhaltensforscher Michael Tomasello herausgefunden. Er forscht über die Ursprünge menschlicher Kommunikation und geht davon aus, dass Menschen das „Konzept des Wir"[14] verstehen, Tiere nicht.
Es geht beim Winken also um Gemeinschaft,
          um Beziehung,
            um Wir-Gefühl.

Nach einigem Nachdenken folgende Gedanken:
Wer winkt, will eine Reaktion.
Wer mit Worten grüßt, ebenfalls.
Wer grüßt – egal wie –, will offensichtlich das „Wir".
Wer grüßt, zaubert seinen Mitmenschen ein Lächeln auf die Lippen.
Schon der Volksmund weiß das:
„Grüßen ist die billigste Art, den Leuten eine Freude zu machen."

Wenn wir das wissen ... warum grüßen wir dann nicht bewusster,
           mit aufmerksamen Augen,
          mit guten Worten,
           mit ansteckendem Lächeln,
           mit offenen Gesten?

....

....

....

CODE:WORT

Durch freundliche Worte gewinnst du viele Freunde und
einleuchtende Rede verschafft dir ihre Zustimmung.
Die Bibel in Sirach 6,5 (GNB)

Worte können Fesseln anlegen oder Bewegung ermöglichen,
abblocken oder willkommen heißen,
Mauern bauen oder Türen öffnen.
Gute Worte zur rechten Zeit wirken wie Code-Worte vor verschlossenen Toren.

Wie aber sehen solche Schlüsselworte aus?
Welche Worte öffnen, befreien, ermöglichen?

Verurteilende,
vertröstende,
verletzende,
vergleichende,
vergiftende Worte tun das nicht.

Verständnisvolle,
vermittelnde,
vergebende,
verlässliche,
versöhnende,
vertrauensvolle Worte dagegen tun das.

Sie wirken wie Code-Worte für offene Beziehungen,
sind der Schlüssel zu Hirn und Herz der Mit-Menschen.

Und: Sie schaffen Schlüsselerlebnisse im Beziehungsalltag.

Deshalb: Gebrauche deine Worte zum Guten!

....

....

....

....

DIENST:WEG

Der Dienstweg ist die Verbindung einer Sackgasse mit einem Holzweg.
Unbekannt

Wer auf dem Dienst-Weg geht, muss eine vorbestimmte Reihenfolge einhalten,
darf Ordnungen nicht einfach übergehen,
sollte Zuständigkeiten nicht missachten,

Auf dem Dienst-Weg ist unmissverständlich, wer verantwortlich ist,
ist transparent, wie man vorgehen muss,
ist offensichtlich, wer das Sagen hat.
So funktioniert die Bürokratie ... in großer Eindeutigkeit.

Leider auch oft in der „Bürokratie der Beziehungen". Nur:
Hier funktioniert das nicht, weil Menschen nicht nur funktionieren.
Hier greifen Zuständigkeiten nicht, weil in Beziehungen keiner nicht-zuständig ist.
Hier glückt Klarheit nicht, weil gemeinsame Wege nicht immer klar sind.

Wenn Beziehungen bürokratisch werden, verlangen sie Rangfolgen,
pochen sie auf Zuständigkeiten,
verlieren sie ihre Lebendigkeit.
Sie stocken durch lange Dienstwege ... und wachsen durch kurze Dienstwege.
Sie sterben durch Dienstlichkeit ... und gedeihen durch Herzlichkeit.

So ist es:
In Beziehungen heißt das Gegenteil von dienstlich herzlich!

Deshalb liebe ich die Aufforderung in der Bibel:
„Lasst im Umgang miteinander Herzlichkeit [...] zum Ausdruck kommen."
Römer 12,10 (NGÜ)

....

....

....

....

....

ENG:FÜHRUNG

Deine Nähe sättigt den Hunger meiner Seele wie ein Festmahl.
Die Bibel in Psalm 63,5 (NGÜ)

„Engführung" ist ein Begriff aus der Fugenkomposition.
Wenn eine Stimme das Thema singt oder spielt, während das Thema noch von einer anderen Stimme zu Ende gesungen wird, nennt man das Engführung. Unterschiedliche Stimmen, unterschiedliche Zeitpunkte ... und trotzdem ganz eng verflochten („eng geführt") durch ein gemeinsames Thema.
Johann Sebastian Bach zum Beispiel führt das oft am Ende einer Fuge zu einer eng geführten Harmonie.
Soweit die Musik.

Und in Beziehungen?
Gibt's so etwas auch?
Oh ja.

Unterschiedliche Stimmen zu unterschiedlichen Zeitpunkten – das gibt's.
Aber leider fehlt oft das gemeinsame Thema ... und dadurch die Harmonie.
Uns gelingt zu selten die Eng-Führung. Wir sind zu oft zu weit auseinander.
Wir vergessen zu gerne: Nur durch Nähe gelingt Vertrautheit.

Viel lieber suchen wir das Weite,
          betonen wir die Unterschiede,
               beklagen wir die Zeitpunkte.
Viel lieber glorifizieren wir den Abstand,
          identifizieren wir die Andersartigkeit,
               aktivieren wir das Ende.

Nähe ist der Nährboden für Vertrauen in unseren Beziehungen.
Entfernen trennt, Nähe verbindet.
    Verschweigen trennt, Gespräch verbindet.
        Schmollen trennt, Versöhnen verbindet.
            Vorwerfen trennt, Klären verbindet

Deshalb: Such die Nähe. Führe eng.

FEINDES:LIEBE

Liebt eure Feinde.
Die Bibel in Matthäus 5,44 (NGÜ)

Es war an einem Sonntag-Vormittag des Jahres 1957.
Dr. Martin Luther King predigte in einem Gottesdienst.
„Wie wollt ihr es schaffen, eure **Feinde zu lieben***?", fragte er die Gottesdienstbesucher
in Alabama. „Fangt bei euch selbst an! [...] Wenn sich euch die Gelegenheit bietet, euren
Feind zu besiegen – ist das der Zeitpunkt, an dem ihr das auf keinen Fall tun dürft."
Dann zitierte er noch die Worte von Jesus: „Liebe deine Feinde. Segne, die dich verfluchen.
Tu Gutes denen, die dich hassen und bete für die, die dir böse wollen; [...] so erweist ihr
euch als Kinder eures Vaters im Himmel."*[15]

Steile Aussage, Pastor King.
Aus deinem Mund hört sich das allerdings sehr glaubwürdig an.
Wer einen solchen gewaltfreien Widerstand anführt und trotzdem solche gesellschaft-
lichen Veränderungen bewirkt, darf so reden.

Zeitreise ins aktuelle Jahr.
Wie geht das heute, Feinde zu lieben,
                    Gegnerschaft zu vermeiden,
                        Freundschaft zu fördern?
Logisch ist: Es fängt bei uns selbst an.

Tomas Halik erklärt das so:
*„Für eine Feindschaft, wie auch für eine Freundschaft benötigt es zwei, einen beidseitigen
Willen; die Existenz, die Entstehung und der Niedergang einer Feindschaft liegen also in
gewissem Sinne in der Macht jedes einzelnen von uns."*

Feindschaft ist nur möglich, wenn beide Parteien Feinde sein möchten.
Du kannst aber auch einfach nicht mitmachen,
                    den Willen zur Feindschaft verweigern,
                        dich nicht einfach bestimmen lassen.
So wird Feindschaft einseitig und dadurch leblos.

Eine Versuch wäre es doch wert, oder?

....

....

GÖNNEN:KÖNNEN

Wir mögen's keinem gerne gönnen,
dass er was kann, was wir nicht können.
Wilhelm Busch (1832-1908)

Das Leben ist kein Wettbewerb – aber wir tun so, als ob ...
Jeder will besser sein,
        klüger sein,
           reicher sein,
              schöner sein,
                  erfolgreicher sein als andere.
Und ruckzuck sind wir drin in der Spirale des Vergleichens.
Das macht unzufrieden oder hochnäsig,
        macht neidisch oder übermütig,
        macht misstrauisch oder arrogant.
Und: Wer viel vergleicht – gönnt wenig.

In der Regel vergleichen wir, um uns einzuordnen, um unser Selbst zu finden, um unsere
Stärken zu sehen. Doch stattdessen urteilen wir, kritisieren unbewusst uns selbst, sehen
nur unsere Schwächen.

Aber:
Jeder Mensch ist einzigartig, beispiellos, speziell – und absolut unvergleichlich.
Deshalb bringt Vergleichen nichts, ändert nichts ... hat es noch nie.

Das Einzige, was Potenzial zur Änderung hat, ist:
Für sich selbst dankbar zu sein,
    sich der eigenen Stärken bewusst zu sein,
        die eigene Unvollkommenheit anzunehmen.

Nur so kannst du gönnen – und das wird alle deine Beziehungen ändern, ja bessern.
Vielleicht sollten wir uns gegenseitig versprechen:

„Wir wollen nicht überheblich auftreten, einander nicht provozieren
und nicht neidisch aufeinander sein."
Die Bibel in Galater 5,26 (NGÜ)

....

....

HÖFLICHKEITS:FORM

Man muss zum Menschen so höflich sein wie zu einem Gemälde,
dem man den Vorteil der guten Beleuchtung gewährt.
Ralph Waldo Emerson (1803 - 1882)

Beziehungen sterben ohne Höflichkeit – das ist sicher.
Denn Höflichkeit ist eine Form des Respekts,
ein Ausdruck der Achtung,
ein Zeichen von Ehrerbietung.
Höflichkeit ist Zuvor-Kommen,
Respekt-Zollen,
Danke-Sagen,
Türen-Öffnen,
Hilfen-Geben,
Schwächen-Tragen.

„Höflichkeit [...] nicht als eine Summe von Regeln, die man drillt, sondern als eine innere
Haltung, eine Bereitschaft, die sich von Fall zu Fall bewähren muss – man hat sie nicht
ein für allemal.“[16]

Der Adressat der Höflichkeit ist immer der „Nächste".
Durch mein höfliches Verhalten wird mein Mitmensch (oft in aller Öffentlichkeit) geehrt
und in ein gutes Licht gestellt. „Das muss ein besonderer Mensch sein, der so respektvoll
behandelt wird", werden Beobachter denken.
So wird Achtung multipliziert.

Was also spricht dagegen, ein Leben lang höflich zu sein!?
Ein deutsches Sprichwort bringt es auf den Punkt:
„Höfliche Worte machen die Zähne nicht stumpf."
Heißt: Es schadet nichts, wenn du höflich bist.

Du verlierst nichts, du gewinnst nur ... und vervielfältigst Wert-Schätzung.

....

....

....

....

INTIM:SPHÄRE

*Die Geheimnislosigkeit unseres modernen Lebens ist unser Verfall
und unsere Armut. [...] Geheimnislos leben heißt, von dem Geheimnis in
unserem eigenen Leben, von dem Geheimnis des anderen Menschen, von dem
Geheimnis der Welt nichts wissen, heißt, an [...] der Oberfläche bleiben.*
Dietrich Bonhoeffer [17]

Jeder Mensch trägt ein Geheimnis in sich. Vieles davon wird bis zum Ende nicht gelüftet
sein. Ein Teil von uns bleibt für andere immer ein Geheimnis ... und für uns selbst oft auch.

Behauptung:
Der Respekt vor dem Geheimnis des Anderen gehört zur Kunst des Liebens,
zur Beziehungsfähigkeit,
zur Kraft der Annahme.
Das heißt, dass ich nicht ungefragt in das Innere eines Menschen eindringe,
dass ich niemanden zwinge, sich mir zu öffnen,
dass ich die Intimsphäre eines Mit-Menschen anerkenne.

Beziehungen brauchen Zeit, um zu wachsen.
Geheimnisse brauchen Zeit, um zu reifen.
Liebe braucht Vertrautheit, um zu teilen.

Jeder hat das Recht zu entscheiden, wie weit er sich öffnen will und kann,
was er sagen will,
was er momentan nicht mitteilen kann,
woran er leidet.

Also:
Vorsicht vor gewaltsamen und würdelosen „Öffnungsforderungen"!

Und noch etwas:
Geheimnisse sind wichtig und faszinierend.

Es gibt also noch etwas zu entdecken am Anderen,
noch Raum zum Wachsen,
noch Luft nach oben,
noch Steigerung der Vertrautheit.
Das hat was.

JÄH:ZORNIG

Wenn man sich streitet, so höre zu, menge dich nicht in den Wortwechsel.
Gott behüte dich vor Jähzorn und Heftigkeit, auch in den kleinsten Dingen.
Nicolai Wassiljewitsch Gogol (1809-1852)

Jähzorn ist kein neuzeitliches Phänomen. Es war wohl schon immer weit verbreitet.
Die Geschichte ist überfüllt mit jähzornigen Staatsmännern und Ehemännern,
Gastgebern und Arbeitgebern,
Kirchenmitgliedern und Vereinsmitgliedern,
Fußballspielern und Glücksspielern.

In seinem berühmten Werk „Über den Umgang mit Menschen" hat Freiherr von Knigge
dem Phänomen ein ganzes Kapitel gewidmet. Er beschreibt sie so:
„Jähzornige Leute beleidigen nicht mit Vorsatz. Sie sind aber nicht Meister über die Heftig-
keit ihres Temperaments, und so vergessen sie sich in solchen stürmischen Augenblicken
selbst gegen ihre geliebtesten Freunde und bereuen nachher zu spät ihre Übereilung."[18]

Wenn Jähzorn oft durchbricht, sprechen Psychologen von einer „Impuls- oder Affekt-
kontrollstörung".

Am Anfang wirkt der vorübergehende Macht-Moment,
der Tobsuchts-Anfall,
der Blitzableiter-Augenblick
entlastend und spannungslösend ... Augenblicke später spüren alle Anwesenden die
zerstörende Enge, die ausgelöste Angst. Und nicht selten beendet eine Gewalttat gegen
Dinge oder Menschen den jähen Zorn ... deutlich zu spät.

Die erste Empfehlung:
Abstand gewinnen zum unangenehmen Gefühl. Es kann tatsächlich helfen, erst einmal
bis zehn zu zählen und dadurch die Emotionen auszubremsen.

Wenn das nicht möglich sein sollte, hilft nur die zweite Empfehlung:
Davonlaufen,
ausweichen,
flüchten.

Lieber fragend zurücklassen als impulsiv zerstören.
Lieber ungewohnt ausweichen als verletzend treffen.
Lieber schnell flüchten als fortwährend bereuen.

KRANK:MACHER

Was kränkt, macht krank.

Hildegard von Bingen

Keiner von uns bleibt ein Leben lang ungekränkt – bis hinein in unsere engsten Beziehungen. Jeder wird mal beleidigt, vernachlässigt oder gedemütigt.
Die Folgen sind Krankheit,

Kriminalität,

Krisen,

Krieg.

Weil wir Kränkungen im Lauf unseres Lebens nicht verhindern können, wird es wohl entscheidend sein, wie wir damit umgehen.

Die Psychologie stellt uns unterschiedliche Denk-Ansätze vor. Sie sagt zum Beispiel, ich könne selbst entscheiden, was ich als Kränkung zulasse,

was ich an mich heranlasse,

was ich als Reaktion offenlasse.

Sie meint, ich könne lernen, die Kränkung nüchtern zu analysieren ... und so auch das Körnchen Wahrheit und meine wunden Punkte darin zu finden.

Der christliche Glaube stellt uns zusätzlich eine sehr schöne, feine, edle Variante des Umgangs vor: die Vergebung.

Vergebung hat eine seltsam beruhigende und beschwichtigende Wirkung,

ein heilendes und ordnendes Ergebnis,

eine überwindende und vereinigende Tragweite,

eine wohltuende und befreiende Kraft.

Logischerweise ist es heilsam, die folgende Aufforderung aus der Bibel zu hören und zu tun:
„Weg also mit aller Verbitterung, mit Aufbrausen, Zorn und jeder Art von Beleidigung!
Schreit einander nicht an! Legt jede feindselige Gesinnung ab! Seid freundlich und hilfsbereit zueinander und vergebt euch gegenseitig, was ihr einander angetan habt.“
Epheser 4,31-32 (GNB)

....

....

....

LOS:LASSEN

Loslassen ist die Geburt von Gelassenheit.
Manfred Beutel[19]

Es geschah in Australien. 15. Januar 1905. Mehr als 100 deutschsprachige Auswanderer hatten von der Regierung in Sydney gemeinsam Land erhalten. Alles lief gut – anfangs.
Die Gründe für die Auswanderung waren sehr vielfältig:
Wirtschaftliche Notwendigkeit,
    unbändige Abenteuerlust,
        gescheiterte Beziehungen,
            dunkle Vergangenheiten.
Viele schlechte Erinnerungen. Anfangs sprach man noch darüber,
später fand man keine Worte mehr.

Und nun saßen sie da. Krisensitzung. Nach nur einem Jahr Zusammenleben.
Auseinander-Setzungen hatten sie auseinander „gesetzt".
Wie könnte ein Neuanfang aussehen?

Schnell wurde klar: Die Ursache für die Konflikte waren die Lasten der Vergangenheit.
Einstimmig beschlossen sie, es so zu machen, wie der Geistliche in ihrer Mitte es nach der biblischen Tradition des Sündenbocks vorschlug:

Alle bekamen die Aufgabe, was sie los haben wollten,
            worüber sie nie sprechen wollten,
            womit sie nichts mehr zu tun haben wollten,
anonym auf einen Zettel zu schreiben.
Diese Zettel würden dann an einen Ziegenbock gebunden, den man gemeinsam „in die Wüste schicken" würde – als sichtbares Zeichen.

So geschah es: Der Ziegenbock wurde mit Hunderten von Zetteln behangen mit lautem Geschrei in Richtung Wüste gejagt.
Zehn Tage später war er wieder da. Wieder wurde er verjagt – und wieder kehrte er zurück.
Zwölf Mal wurde er in die Wüste verbannt – dann erst wurde er nie mehr gesehen.

Kennst du das?
Du willst Altes loslassen ... aber es kommt immer wieder. Du kriegst es nicht los.
Dir geht dadurch viel verloren. Vor allem deine Gelassenheit.

Vielleicht hilft es dir ja, es einem Menschen zu erzählen.
Viele Menschen machen auch gute Erfahrungen damit, es Gott zu erzählen.

MOMENT:AUFNAHME

Den Augenblick genießen,
sich aber nicht darin verlieren,
ist das vornehmste Grundgesetz aller Lebensweisheit.
Deutsches Sprichwort

Jeder Augenblick unseres Lebens ist eine Moment-Aufnahme ...
mehr nicht, weniger aber auch nicht.
Wer den Moment genießt, lebt leicht.
Wer allerdings den Moment verherrlicht, lebt schwer.
Denn: Die Realität des Moments ist nicht die Wahrheit deines Lebens.

Stell dir mal vor – und versuch mitzudenken:
Du streitest mit deinem besten Freund, deiner besten Freundin. Es fallen Worte, die
nicht mehr zurückzuholen sind. Das verletzt.
Genau in diesem Gefühl lebst du dann „momentan".
Wenn du schon länger lebst, weißt du aber, dass der Schmerz des Moments nicht das
Letzte ist. Es geht weiter.
    Es gibt auch eine Wahrheit der Zukunft.
Du weißt auch, dass der Schmerz des Moments nicht das Erste ist. Es gab schon viele
vertrauensvolle und beglückende Momente vorher.
    Es gibt also auch eine Wahrheit der Vergangenheit.

Diese Erkenntnis hat Konsequenzen – fürs Reden und fürs Tun:
Du kannst auch mal über dich hinaus reden.
Du kannst auch mal Dinge sagen, die nicht der Moment-Aufnahme deiner Gefühle ent-
sprechen, die aber trotzdem der Wahrheit deines Lebens entsprechen.
Du bist vielleicht noch nicht so weit, aber du brauchst es, um den ersten Schritt zu wagen.

Und: So verlierst du dich nicht in der Wahrheit des Moments, sondern lebst die Wahrheit deines Lebens. Das ist wichtig.

....

....

....

....

NEID:HAMMEL

Wenn dein Auge durch Neid oder Habgier getrübt ist,
ist deine ganze Erscheinung finster.
Die Bibel in Matthäus 6,23 (GNB)

Neid ist so alt wie die Menschheit. Die Bibel erzählt auf den ersten Seiten bereits die Geschichte von den Brüdern Kain und Abel. Kain war neidisch auf seinen Bruder, weil Gott dessen Opfer offensichtlich mehr schätzte als sein eigenes. Was folgte, war Mord. In der Kunstgeschichte wird Neid oft als Monster dargestellt, das sich selbst von innen zerfrisst.

Neid zerstört – das Umfeld, die Beziehungen und den Neider selbst.

Anderen Menschen ihr Gutes neiden, macht deren Glück zu unserem Unglück.
Wir fühlen uns ungerecht behandelt vom Schicksal oder von Gott.
Ein Ergebnis: Wir werden unzufrieden,
                                    ärgerlich,
                                            verbittert.

Ein weiteres Ergebnis:
Wir treten ein in einen Wettkampf mit anderen.
    Wir prahlen und protzen, obwohl das eigentlich gar nicht zu uns passt.
        Wir geben alles, um genauso gut dazustehen.
Das ist anstrengend, kostet Kraft, macht krank und fördert Schadenfreude.
Unser Blick wird dunkel ... und irgendwann blicken wir nicht mehr, wer wir eigentlich sind. Wir verlieren uns selbst aus dem Blick – unser Glück und unsere Fähigkeiten.

Keiner will das. Du etwa?

Vielleicht kommst du so der Lösung etwas näher:
Konzentriere dich auf das, was du hast,
                                was du kannst,
                                    was dir gelingt,
                                        wer du ohne andere bist.
Sei dankbar. Notiere dir jeden Tag drei Dinge, wofür du dankbar sein kannst.
Mach dir bewusst, wie beschenkt du bist.

Und wenn du mal wieder neidisch wirst:
Finde heraus, was in deinem Leben wirklich wesentlich und wirklich wahr ist. Entdecke deine Motive und deine Sehnsüchte. Gönne dir den schonungslosen Blick auf dich selbst und gönne anderen ihr Glück.

OFFEN:BLEIBEN

Wir sollten die Liebe, die wir den Toten mit ins Grab geben,
nicht den Lebenden entziehen.

Wilhelm Raabe (1831-1910)

Wir machen das manchmal: Liebe entziehen.
Wirklich schlimm.

Der Klassiker:
Jemand ist beleidigt, rennt aus dem Raum und donnert die Tür hinter sich zu.
Keine Chance für den Alleingelassenen, das Geschehene anzusprechen,
                              Missverständnisse zu klären,
                                  Zusammenhänge zu verstehen.
Stattdessen schweigen,
            ignorieren,
                vernachlässigen
... also bestrafen.

Strafen in Beziehungen geht überhaupt nicht.
Ich habe doch keinen Erziehungsauftrag an meinen Mitmenschen.
Ich muss doch nicht meine Wünsche und Bitten durchsetzen.
Ich kann doch niemals einem Menschen meinen Willen aufzwingen.

Überleg mal:
Wer die Tür zuschlägt, verschließt sein Herz.
Wer beleidigt spielt, übt Macht aus,
                verursacht Ohnmacht und
                    verliert dadurch an Vollmacht.

Keiner will das.
Jeder will doch offen bleiben.

Achte heute darauf, niemanden zu zwingen.

....

....

....

PAPIER:ZEICHEN

Lange Briefe schreibt man nur,
wenn man nicht genug Zeit hat,
kurze zu schreiben.
Blaise Pascal (1623 - 1662)

Wir leiden heute an der Inflation der Textnachrichten. Auf unendlich vielen elektronischen Wegen erreichen sie uns ... kurze Nachrichten, Absprachen, Ratschläge, Fragen, Gedanken.

Das Problem:
Wenig Worte haben nicht zwingend viel Gefühl.
    Kurze Hinweise resultieren nicht zwingend aus langen Denkphasen.
        Hohe Versprechen kommen nicht zwingend aus tiefem Mitgefühl.

Kennt ihr noch diese sehr flachen, rechteckigen Zellulosestücke?
Vielleicht wäre das ja eine Möglichkeit:
Eine Grußkarte zum Geburtstag,
    ein Trostbrief im Trauerfall,
        eine Aufmunterungsnotiz für Entmutigte.

Eine wahre Meisterin dieses „Hand-Werks" war meine Mutter. Ich erinnere mich noch gut an die vielen Zettel, die im Lauf der Jahre auf meinem Bett lagen.
Kleine Ermutigungen im Alltag,
    treffende Hinweise fürs Weitermachen,
        herausfordernde Fragen in Zweifeln,
            tiefe Gedanken fürs Durchhalten,
                Lektionen für Lebensphasen,
                    Klicks im Gehirn,
                        Schrittmacher für neue Wege.

Immer und immer wieder holten mich die weißen Zettel mit der schönen Schrift meiner Mutter zurück ins Leben. Oft kurz – aber immer von Herzen und mit viel Verstand.
Wo wäre ich heute ohne diese Papier-Zeichen?

Ein Erbe zum Nachahmen.

Überlege, wem du heute etwas Bedeutungsvolles schreiben solltest.

....

QUANTITÄTS:THEORIE

Nur großherzige Menschen können wahre Freunde sein.
Charles Kingsley (1819-1875)

Bereits im 16. Jahrhundert kannte man die sog. Quantitätstheorie. Die besagt, dass es einen direkten Zusammenhang gibt zwischen der existierenden Geldmenge in einem Land und den Preisen der dort verkauften Waren und Leistungen. Heißt zum Beispiel: Steigt die Geldmenge um das zweifache, verdoppeln sich auch die Preise.

Soweit die Theorie.
Nun zur Praxis.

Schön wäre es ja, wenn diese Zusammenhänge auch für unsere Freigebigkeit gelten würden.
Nach dem Prinzip: Wer doppelt so viel hat, gibt auch doppelt so viel weiter.
Die Erfahrung zeigt, dass das nicht stimmt.

Ein Beispiel gefällig?
Ein Prozent der Weltbevölkerung besitzt mehr als alle anderen
   – geben die wohl im Verhältnis 99 % mehr als alle anderen?

Wer doppelt so viel hat, gibt noch lange nicht doppelt so viel weiter.

Dieser Umkehrschluss ist nicht richtig ... und im Grunde auch nicht entscheidend.
Es geht für uns persönlich viel weniger um die Menge des Materials,
                als viel mehr um die Einstellung des Herzens.
Nicht umsonst nennt man freigebige Menschen auch großherzig.

Ein großes Herz ist die Grundlage für große Taten,
           für umfangreiche Veränderungen,
            für tiefe Beteiligung.

Nur mit Beteiligung unseres Herzens ist Anteilnahme echt.
   Nur mit Beteiligung unseres Herzens ist Freigebigkeit ehrlich.
      Nur mit Beteiligung unseres Herzens ist Opferbereitschaft aufrichtig.

Die Einstellung des Herzens macht aus Quantität Qualität.
Und das ist keine Theorie!

RESPEKTS:**PERSON**

*Respekt ist eine Haltung, die den anderen als Menschen
achtet und seine Menschenwürde anerkennt, egal woher er
kommt, wie er aussieht und zu welchem Gott er betet.*
Ingrid Strobl[20]

Respekt ist Rücksicht. Das wird am Wortursprung deutlich. Respekt bedeutet in seinem lateinischen Ursprung *„respectus"*, soviel wie Zurücksehen oder Berücksichtigen. Beziehungen scheitern ohne Respekt und Rücksicht.

Respekt macht Beziehungen haltbarer.
    Respekt macht Versprechen verlässlicher.
        Respekt macht Schweigen ehrlicher.
            Respekt macht Freiheit möglicher.
                Respekt macht Denken wertschätzender.

Eine Haltung der Rücksicht beweist sich im Reden, im Handeln, im Denken.

Also:
Respektvoll miteinander reden!
    Zuhören ermöglichen,
        Aussprechen zulassen,
            Vorwürfe unterdrücken,
                Verallgemeinerungen vermeiden,
                    Ehrlichkeit genehmigen.
Respektvoll aneinander handeln!
    Höflich-Sein,
        Rücksicht-Üben,
            Freiheit-Geben,
                Würde-Lassen,
                    Vergeben-Gönnen,
                      Schuld-Bekennen.
Respektvoll übereinander denken!
    Füreinander denken,
        miteinander fühlen,
            gegeneinander verdrängen,
                aneinander glauben.

Achte darauf, dass sich jemand nach einer Begegnung mit dir reicher fühlt als vorher.
Mutter Teresa

SCHMETTERLINGS:EFFEKT

Kleine Ursache, große Wirkung.
Deutsche Redewendung

Im Alter von 90 Jahren starb im Jahr 2008 der amerikanische Mathematiker und Meteorologe Edward Lorenz. Er entdeckte 1963, dass bereits eine kleine Veränderung einer kleinen Zahl innerhalb einer komplexen Rechnung zu völlig anderen Ergebnissen führt. Kleine Ursache, große Wirkung. Er verwendete zur Erklärung dieser Erkenntnis das Beispiel des „Schmetterlingseffekts". Sagt aus: Ein Schmetterling, der in Shanghai mit seinen Flügeln wackelt, kann theoretisch in New York für einen Wirbelsturm sorgen. Heißt übertragen für die Meteorologie,
dass das Wetter oft durch geringe Einflüsse global und kurzfristig Änderungen erfährt. Wetter ist und bleibt chaotisch (seine Theorie heißt daher auch „Chaostheorie").

Heißt für das Leben,
　　dass langfristige Aussagen über die Zukunft nicht möglich sind.

Heißt für uns Menschen – vereinfacht gesprochen –,
　　dass wir eigentlich unser Leben nicht wirklich im Griff haben.

Das erinnert mich an die Zeilen aus dem Herbst-Gedicht von Rainer Maria Rilke
(1875–1926):
　　Wir alle fallen. Diese Hand da fällt.
　　　　Und sieh dir andre an: es ist in allen.
　　　　　　Und doch ist Einer, welcher dieses Fallen
　　　　　　　　unendlich sanft in seinen Händen hält.

Es ist in allen.
Keiner hat sein Leben in der Hand.
　　Keiner kann für seine Unversehrtheit garantieren.
　　Keiner kann für seine Standhaftigkeit geradestehen.

Aber Rilke behauptet, dass „Einer uns unendlich sanft in seinen Händen hält".
Gott.
Wir haben es nicht in der Hand – aber wir sind in Gottes Hand.
Unglaublich!
Trotzdem glaube ich das.

Überlege, was/wer dir helfen könnte, wenn dir alles aus den Händen gleitet.

TASCHEN:GOLD

Zwei Taschen, zwei Zustände, zwei Gegensätze ... zwei Wahrheiten.
Staub und Gold,
    Vergänglichkeit und Würde,
       Endlichkeit und Ewigkeit.

Ich weite das mal aus:
    Arm und reich.
       Schwach und stark.
          Maßlos und maßvoll.
             Verletzend und tröstend.
                Erbarmungslos und gnädig.
              Beschränkt und befähigt.
            Getrieben und bedacht.

Wir tragen beides in uns ... an jedem Tag,
              in jeder Beziehung,
            an jedem Ort,
              in jeder Situation.

Wir dürfen nicht so tun, als wären wir perfekt,
        als hätten wir keine Schwächen,
         als gäbe es keine schweren Zeiten.

Als Mensch weiß ich, dass immer beide Seiten ins Leben gehören.
Als Theologe weiß ich, dass die „goldene" Seite nicht ohne Gott zu denken ist.
Durch Gott wird meine Stärke gestärkt,
        meine Schwäche getragen,
       mein Potenzial potenziert,
        mein Versagen vergeben.

In diesem Bewusstsein möchte ich leben.
Und: So lässt sich's leben.

URTEILS:BILDUNG

„Jeder gute Christ muss mehr bereit sein,
eine Aussage des Nächsten zu retten,
als sie zu verdammen"

Ignatius von Loyola

Es wird viel geredet – und noch mehr geurteilt.
Egal, was ein Mensch in der Öffentlichkeit oder in einem persönlichen Gespräch sagt,
wir sind schnell im Urteilen – nicht nur über den Wahrheitsgehalt in den Worten, sondern viel zu schnell auch über die Glaubwürdigkeit der Person.
Nichts wird verziehen. Niemand bleibt verschont.

Mark Twain sagte mal über seine Mutter:
„Ihre Anteilnahme an Menschen und anderen Tieren war warm, persönlich und freundlich. Sie fand noch am Hartgesottensten stets etwas, das ihn zu entschuldigen geeignet war oder sogar liebenswert erschien – und wenn sie selbst es in ihn hineinlegte. Es gab Leute, die behaupteten, man können sie, obwohl Presbyterianerin, dazu bringen, sogar für den Teufel ein gutes Wort einzulegen."[22]

Wir reden nicht immer bedacht, wohl überlegt, gut vorbereitet.
Wir reden mehr ins Blaue hinein und aus dem Gefühl heraus.

Wer Worte spricht, muss wissen,
  dass nicht alle Hörer die Worte in gleicher Weise deuten werden.
Wer Worte spricht, muss wissen,
                    dass sie unüberlegt auch Hörer verletzen,
                        unter Druck setzen,
                          ein schlechtes Gewissen machen,
                            ärgern,
                              bedrücken
… obwohl das nicht gewollt ist.

Deshalb:
Wir brauchen liebevolle Menschen,
die unsere Worte eher retten als verdammen,
  die für uns eher ein gutes Wort einlegen als ein böses zu unterstellen,
    die eher mit unserem Wohl-Wollen als mit dem Schlecht-Meinen rechnen,
      die uns eher vertrauen als verurteilen.

Frage dich: Wessen Worte sollte ich heute retten!

VEREINIGUNGS:**KRAFT**

Die Liebe ist die einzige Kraft, die Dinge vereinigen kann, ohne sie zu zerstören.
Teilhard de Chardin (1881–1955) [23]

Unendlich viele Vereinigungsversuche sind gescheitert.
Trennung, Zerstörung, Ausgrenzung, Verletzung prägt die Menschheitsgeschichte ...
und viele Beziehungsgeschichten ebenfalls. Du kannst das genau beobachten:

Macht trennt, Liebe vereinigt.
   Selbstsucht zerstört, Hingabe baut auf.
      Urteilen grenzt aus, Annehmen umarmt.
        Hochmut verletzt, Demut verbindet.

Vereinigungsversuche ohne die Liebe mit allen ihren „Spielarten" sind zum Scheitern
verurteilt. Verhandlungsgeschick allein reicht nicht aus. Guter Wille allein reicht nicht
aus. Klugheit allein reicht nicht aus.
Es braucht die Liebe, damit Einigkeit herrscht,
      damit Frieden regiert,
        damit Missachtung besiegt wird.

Das sieht übrigens auch Martin Luther King so:
„Ich habe entdeckt, dass die Liebe das höchste Gut ist. Sie steht im Mittelpunkt des Alls.
Die Liebe ist die große vereinigende Kraft des Lebens."

Praktisch heißt das wohl für heute, dass wir in allen Dingen mehr Wert auf Liebe legen
als auf Konsequenz, auf Ruhe, auf Bequemlichkeit, auf Wünsche, auf Folgen, auf Pflicht,
auf Abgrenzung, auf Geltung, auf Karriere, ...

Vielleicht wäre es ja auch möglich, die Liebe in vieles einzubinden.
Nur Liebe vereinigt,
   bringt zusammen,
      schafft Beziehung.

....

....

....

....

WAHR:HAFTIG

Die Liebe freut sich nicht über die Ungerechtigkeit,
sie freut sich aber an der Wahrheit.
Die Bibel in 1. Korinther 13,6 (LUT)

Kürzlich sah ich ein Interview mit dem Schauspieler Denzel Washington. Er hat darin einer Journalistin bravourös die Problematik des modernen Journalismus erklärt.
Er sagte: *„Wenn du heute keine Zeitung liest, bist du nicht informiert. Wenn du aber Zeitung liest, bist du falsch informiert. Es gibt einen Langzeit-Effekt von zu viel Information. Der Langzeit-Effekt ist, dass ihr (Journalisten) das Bedürfnis habt, immer als Erste eine Nachricht zu bringen, egal ob sie wahr ist. [...] Eure Verantwortung ist es, wahrhaftig zu sein, und nicht: die Ersten zu sein.“*
Ja. Wir haben ein Problem mit der Wahrhaftigkeit in den Medien. In Wirklichkeit sieht vielleicht die Wahrheit ganz anders aus, als wir sie hören oder lesen ...

Noch viel mehr haben wir ein Problem mit uns selbst:
Wir haften so schnell an unserer eigenen Wahrheit,
kleben so schnell an unserer Sicht der Dinge.
Aber: Es gibt mehr als die eigenen Wahrheit.

Angenommen, dein Mitbewohner sagt dir, dass er schon viel öfter den Müll versorgt hätte als du. Deine Wahrheit ist aber, dass du viel mehr aufgeräumt und gespült hast. Und schon prallen eure Wahrheiten aufeinander, und du verlierst deine Gelassenheit. Wer hat nun eigentlich recht? Keine Ahnung! Das werden wir wohl nie herausfinden.

Was aber auf jeden Fall wahr ist:
Diese „Buchführungen“ sind sinnlos und lieblos. Sobald wir solche „wahren“ Berechnungen anstellen, ist der Konflikt schon da – oder wird verstärkt.
Der Frieden ist nicht durch Tauschgeschäfte zu sichern! Gemeinsames Leben basiert nicht auf ausgleichender Gerechtigkeit, sondern auf liebevoller Hingabe. Liebe und Hingabe – darum geht's.

Und sobald du dich auf den Weg machst, so zu denken,
gewinnst du deine Gelassenheit zurück,
wirst frei, deine eigene Wahrheit loszulassen
und gehst wahrhaft „Konflikt klären“.
Achte heute weniger darauf, recht zu haben
– und mehr darauf, liebevoll zu sein!

ZEIT:NEHMEN

Wir sind so eitel, uns an die Zeiten zu klammern,
die für unser Leben noch nichts oder nichts mehr bedeuten,
um der einzigen zu entfliehen, die wirklich da ist.
Blaise Pascal (1623 – 1662)

Zeit ist da.
Heißt:
Wir haben Zeit – wir müssen sie uns nur nehmen.
Davon leben Beziehungen.

Es stimmt eben nicht, dass nur die Qualität der Zeit zählt. Das ist eine weit verbreitete
Beziehungslüge. Auch die Quantität zählt. Denn nicht nur, wie intensiv ich mir Zeit
nehme, sondern auch wie lange, bestimmt meine Beziehungen.
Was hilft die Qualität, wenn sie selten ist,
　　　　　　　　wenn sie verschwindend ist,
　　　　　　　　　　wenn sie gleich wieder rum ist.

Zeit ist da.
Heißt:
Immer, wenn wir sagen „Ich habe keine Zeit", sprechen wir gleichzeitig ohne Worte aus,
dass wir uns entschlossen haben, etwas anderem oder einem anderen mehr Bedeutung
zu geben.
Das spürt mein Mitlebender.

Zeit ist da.
Heißt:
Wenn wir Zeit haben wollen, müssen wir sie uns nehmen.
Dafür aber sind wir selbst verantwortlich.
Du.
　　Ich.
　　　Alle anderen auch.

....

....

....

....

SCHMERZ:HAFT

Vielleicht ist das ja eine bisher unentdeckte Beschreibung von Liebe:
Wissen, was dem Nächsten weh tut
... und was ihn glücklich macht.

AN:WESEND

Sie verstehen es nicht, auch wenn sie es vernommen. So sind sie wie die Tauben.
Das Sprichwort bezeugt's ihnen: „Anwesend sind sie abwesend."
Heraklit von Ephesos (ca. 540–480 v. Chr.)

Solche Menschen gibt es.
Sie hören – und verstehen nicht.
Sie haben offene Augen – und beachten nicht.
Anwesenheit ist noch lange kein Zeichen für Verständnis,
Verstehen,
Verstand.
So ist das leider auch manchmal in unseren Beziehungen.
Wir sind zwar da, aber nicht wirklich anwesend.
    Wir sind zwar anwesend, aber nicht wirklich aktiv.

Ich weiß aus der Bibel, dass das nicht nur ein neuzeitliches Problem ist.
Schon vor vielen hundert Jahren mahnt Gott seine Leute:
Du sahst wohl viel – aber du hast's nicht beachtet;
deine Ohren waren offen – aber du hast nicht gehört.
Jesaja 42,20 (LUT)

Scheint also ein menschliches Grundproblem zu sein …

Unsere Mitmenschen (und wir selbst auch) brauchen es, dass wir bewusst anwesend sind
– und nicht bei jeder Aktion schon wieder gedanklich bei der nächsten.

Wir sehen so viel – und beachten so wenig.
Wir laufen über Wiesen – und beachten die Schönheit nicht.
Wir sehen, dass ein Mensch Hilfe ersehnt – und schauen aus Bequemlichkeit weg.
Wir hören, was uns Menschen sagen – und wissen kurz darauf nicht einmal mehr,
worüber wir geredet haben.

Ganz anwesend sein,
    anwesend werden,
        anwesend bleiben.
Einfach: bewusst leben.

Das würde manche Situationen und manche Beziehung retten!

BITTER:WERDEN

Manche sterben verbittert und enttäuscht,
weil sie vom Glück nichts abbekommen haben.
Die Bibel in Hiob 21,25 (GNB)

Verbitterung ist wie ein Krebsgeschwür. Es durchdringt den Körper, verschmutzt die
Seele ... und zerstört unsere Beziehungen.

Oft sind Enttäuschungen der Auslöser.
Die Enttäuschung, nicht beachtet zu werden,
   nicht genannt zu werden,
    nicht abgebildet zu werden,
     nicht einbezogen zu werden,
      nicht gefragt zu werden.
Und dann passiert's:
Verbitterte Menschen verlieren den klaren Blick,
   das gute Maß,
    die nötige Achtung,
    die tiefe Freude.
Verbitterte Menschen verlangen Genugtuung,
   möchten sich rächen,
    werden heimzahlen.
Verbitterte Menschen verweigern die Vergebung,
   schüren die Vergeltung,
    verherrlichen die Verletzung.
Verbitterte Menschen werden schnell schwermütig,
   schauen die Wunden beständig an,
    spüren, wie weh sie tun und
     lassen sich vom Schmerz treiben.

Es führt kein Weg daran vorbei: Die Bitterkeit muss bekämpft werden!
Sie ist der Feind aller unserer Beziehungen.

Verbitterung ist der Feind der Liebe, weil sie dich vergebungsunfähig macht und unwillig
macht, bedingungslos Liebe zu geben.
Verbitterung ist der Feind der Hoffnung, weil du dadurch weiterhin in der Vergangenheit
lebst und unfähig wirst, eine bessere Zukunft zu sehen.
Verbitterung ist der Feind des Vertrauens, weil du dadurch aufhörst, dein Vertrauen
jemand anderem außer dir selbst zu schenken.
Erwin Raphael McManus [24]

CHEF:BELEUCHTER

Lasst euer Licht leuchten vor den Leuten,
damit sie eure guten Werke sehen und euren Vater im Himmel preisen.
Die Bibel in Matthäus 5,16 (LUT)

Ein schönes Bild, das Jesus hier verwendet: „Licht leuchten lassen" ist „gute Werke" tun.
Alle guten Taten machen Beziehungen heller.
      Jede aufrichtige Hilfe verdrängt Dunkelheit.
            Sämtliche herzlichen Zuwendungen bringen Glanz ins Leben.
Millionenfach erlebt.

Nelson Mandela war ein leuchtendes Beispiel für unzählige Menschen weltweit. 27 Jahre
Gefängnis. Mit 44 Jahren. Als politischer Gefangener. So wurde er zur Legende im Kampf
gegen Rassentrennung – und schließlich 1994 der erste schwarze Präsident Südafrikas.
Was für eine Leuchtkraft!

In seiner Antrittsrede zur Präsidentschaft sagte er:
      „Jeder Mensch ist dazu bestimmt zu leuchten! [...]
      Wir sind geboren worden, um den Glanz Gottes, der in uns ist, zu manifestieren. [...]
      Und wenn wir unser Licht erscheinen lassen, geben wir anderen Menschen die
      Erlaubnis, dasselbe zu tun."

Große Worte. Beispielhafte Worte. Leuchtende Worte.

Doch nicht die Worte sind's. Die Taten machen's.
Das haben Nelson Mandela und Jesus Christus auch vorgelebt.

Im Nacheifern der Beiden werden wir zu „Gut-Tätern",
                        zu „Licht-Gebern",
                              zu „Chef-Beleuchtern".

Das wird unsere Beziehungen nachhaltig verbessern – 100 pro!

....

....

....

....

DANKE:SCHÖN

*Was unserem Leben Tiefe und Frieden gibt, ist weit mehr
Geschenk als Leistung: Liebe, Glaube, Treue, Freundschaft,
Vergebung, Friede, Vertrauen, Hoffnung, gute Gesundheit ...*
Piet van Breemen [25]

Alles wirklich Wesentliche in unserem Leben haben wir nicht selbst gemacht oder
erworben: Dass wir geboren wurden und wo wir geboren wurden, haben wir uns nicht
selbst gewählt. Die Natur haben wir nicht selbst geschaffen und die Luft können wir nur
atmen, weil sie „verfügbar" ist. Die Grundordnungen eines Lebens haben wir uns nicht
selbst ausgedacht. Kindheit, Jugend, Alter sind vorgegeben. Ebenso die Grundordnungen
des Tages und Jahres: Tageszeiten und Jahreszeiten.

Kein Mensch kann selbst bestimmen, ob er morgens aufwacht –
das tägliche Leben ist Geschenk.

Genau so auch die Vergebung. Die wird mir gewährt; die empfange ich –
von Menschen und von Gott.

So könnten wir endlos aufzählen. Es stimmt immer:
„Hier ist nichts zu machen – aber unendlich viel zu empfangen." [26]

Unser großes Problem heute: Wir töten die Dankbarkeit.
Wir tun das, indem wir alles für selbstverständlich nehmen. Der Psychologe Abraham
Maslow hat das schon Mitte der 50er Jahre des 20. Jahrhunderts beklagt:
*„Eine wesentliche Ursache menschlichen Übels, menschlicher Tragödie und menschlichen
Leidens ist, dass Menschen nicht zu schätzen wissen, was sie haben."*

Dankbare Menschen dagegen tragen Zufriedenheit in der Seele,
sehen mehr als die Gegenwart,
verstehen sich als unverdient Beschenkte,
formulieren auch mal bewusst: „Gott sei Dank"!

Mit dankbaren Menschen sind wir gerne zusammen. Sie bringen Licht in unseren Alltag.

Überlege: Wofür sollte ich heute besonders dankbar sein ... und wem?

....

....

EHR:FURCHT

Keiner liebt wirklich einen anderen,
wenn er nicht eine gewisse Ehrfurcht gegen ihn fühlt.
John Henry Newman (1801-1890)

Miteinander ehrfurchtsvoll umgehen ist der Kern jeder Beziehung.
Unser Problem:
Wir haben manchmal bereits Schwierigkeiten mit den „Vorstufen" der Ehrfurcht:
mit dem Akzeptieren,
  dem Tolerieren,
   dem Anerkennen.

Es wird aber für den Bestand einer Beziehung unumgänglich sein,
dass wir einander ehrfurchtsvoll behandeln,
  dass wir Respekt vor dem Unergründlichen des Anderen haben,
   dass wir einander nicht mit unseren Meinungen überfahren,
    dass wir über Mitmenschen nicht vorschnell urteilen.

Wenn die Ehrfurcht fehlt,
  Respekt missachtet wird,
   Aufmerksamkeit unwichtig ist,
dann fehlt die Liebe. Liebe ohne Ehrfurcht ist nicht denkbar!

Die Bibel, das große Buch der Liebe, formuliert das so:
„Liebt einander mit aufrichtiger Zuneigung und habt Freude daran, euch gegenseitig
Achtung zu erweisen." (Römer 12,10; NLB)

Das heißt zum Beispiel:
Nicht warten, bis die Aufmerksamkeit des Anderen sich mir zuwendet,
   bis ich ehrfurchtsvoll behandelt werde,
    bis der Andere meine Meinung toleriert.

Das heißt:
Dem Anderen dabei zuvorkommen.
Wenn jeder so handelt, entsteht ein Wettlauf des Ehrens.
Das täte uns allen gut.
  Unser Leben würde sich dadurch verändern.
   Unsere Beziehungen würden sich verbessern.

FRIEDENS:STIFTER

Wenn es möglich ist und soweit es an euch liegt,
lebt mit allen Menschen in Frieden.
Die Bibel in Römer 12,18 (NGÜ)

Keine Beziehung ist eine konfliktfreie Zone.
Konfliktstoff gibt es immer zur Genüge. Und nicht immer ist ein friedvolles Miteinander
möglich – braucht es doch stets zwei „Parteien" zum Frieden.
Das widerspricht allerdings nicht der Tatsache, dass es sich leichter lebt,
wenn Frieden herrscht,
    wenn Konflikte geklärt sind,
        wenn alle das Gute wollen.

Ich habe folgende Geschichte gefunden – ich weiß nicht mehr wo:
Es waren einmal zwei alte Männer, die viele Jahre zusammen gelebt hatten, aber nie
stritten. Nun sagte der eine von ihnen: „Lass uns einmal streiten, ganz wie die anderen
Leute es tun." Und der andere sagte: „Ich weiß nicht, wie ein Streit entsteht."
Da sagte der erste: „Schau, ich lege einen Ziegelstein zwischen uns und sage dann,
‚das ist meiner', und du sagst ‚nein, das ist meiner', und dann beginnt der Streit."
So legten sie einen Stein zwischen sich und der eine von ihnen sagte: „Das ist meiner."
Und dann sagte der andere: „Nein, das ist meiner."
Und er gab zurück: „In der Tat, soll er dir gehören, so nimm ihn an dich und geh!"
Uns so gingen sie ihres Weges, ohne miteinander streiten zu können.

So kann das auch gehen!
Man muss nicht aus jeder Mücke einen Elefant machen,
        nicht aus Kleinigkeiten vermeintliche Wichtigkeiten,
        nicht aus Meinungsverschiedenheiten ernsten Streit.
Bevor man den Frieden und Beziehungen aufs Spiel setzt,
    kann man auch mal nachgeben,
        den ersten Schritt auf den anderen zugehen,
            eine Nacht über der Angelegenheit schlafen,
                die Sache nicht so hoch ansiedeln,
                    einfach mal anders reagieren als sonst.

Das könnte doch funktionieren, oder?!

....

....

GOLD:REGEL

Behandelt eure Mitmenschen in allem so,
wie ihr selbst von ihnen behandelt werden wollt.
Jesus Christus in Matthäus 7,12 (NGÜ)

„Die goldene Regel" nennt man diesen Satz, der sich inzwischen in unzähligen Sprichworten abbildet.

Eine Geschichte und eine Deutung dazu.

Zuerst die Geschichte, die aus dem Judentum zur Zeit Jesu überliefert ist:
Ein Heide kommt zum dem damals bekannten Rabbi Schammai und sagt: „Ich werde
ein Jude, wenn du mir sagst, worauf es im jüdischen Glauben ankommt – in der Zeit,
in der man auf einem Fuß stehen kann."
Der Rabbi überdenkt die fünf Bücher Mose und alles, was in der Tradition dazu aus-
geführt ist – und passt.
Der Heide lässt sich nicht entmutigen und geht zum nächsten Rabbi. Er stellt Rabbi
Hillel dieselbe Aufgabe – und erhält sofort eine Antwort: „Was dir selbst widerwärtig
ist, das tue auch deinem Nächsten nicht an. Das ist das ganze Gesetz. Alles andere ist
Auslegung."

Aha. Auch das Gegenteil gilt.

Und nun noch die Deutung:
Papst Franziskus sprach im September 2015 zu den Kongressabgeordneten des
US-Kongresses über genau diese Goldene Regel.
„Diese Regel zeigt uns eine klare Richtung. Lasst uns andere mit der gleichen Leidenschaft
und mit dem gleichen Mitleid behandeln, mit dem wir selbst behandelt werden möch-
ten. Lass uns bei anderen nach den gleichen Möglichkeiten suchen, die wir auch für uns
suchen. Lasst uns anderen helfen zu wachsen, so wie wir uns selbst Hilfe wünschen.
Kurz zusammengefasst:
Wenn wir Sicherheit wollen, lasst uns Sicherheit geben;
wenn wir uns Leben wünschen, lasst uns Leben geben;
wenn wir Gelegenheiten ersehnen, lasst uns Gelegenheiten bieten."[27]

Alles klar?

....

....

HILFS:BEREITSCHAFT

Einem Ertrinkenden reicht man die Hand.

Vater von Irene Sendler

Wir schreiben das Jahr 1942.

Das nationalsozialistische Regime begann, Juden aus dem Warschauer Ghetto in Vernichtungslager abzutransportieren. Es war mehr als riskant, was Irene Sendler Tag für Tag an der Grenze zum Ghetto „veranstaltete". Als Sozialarbeiterin hatte sie sich Zugang erschlichen und schaffte gemeinsam mit zehn Helfern rund 2 500 jüdische Kinder aus dem Ghetto – in Kisten, in Säcken, im Müll und sogar in Särgen.

Sie sorgte für falsche Identitäten der Kinder und brachte sie bei Pflegeeltern oder in Klöstern unter. Die wahren Identitäten der Kinder hielt sie auf chiffrierten Listen fest, die sie in Einmachgläsern im Garten einer Freundin versteckte. So wollte sie eine spätere Zusammenführung der Familien ermöglichen.

Im Oktober 1943 wurde sie verhaftet, gefoltert und zum Tod verurteilt. Durch Bestechung konnte sie gerettet werden und nahm bis zum Ende des Kriegs einen anderen Namen an. Danach begann sie in mühsamer Kleinarbeit, die Eltern der Kinder zu suchen. Den Kindern, deren Eltern nicht mehr am Leben waren, half sie Pflege- oder Adoptiveltern zu finden. 2007 wurde sie für den Friedensnobelpreis nominiert. Allerdings gewann ihn der frühere Vize-Präsident der USA Al Gore, der sehr früh die Gefahren des Klimaerwärmung erkannt hatte.

Immer und immer wieder hörte man von ihr den Satz: „*Einem Ertrinkenden reicht man die Hand.*"

Dieser Grundsatz ihres Vaters hatte ihr ganzes Leben geprägt. Sein Vorbild hatte ihr die Richtung gezeigt. Sie wurde zum leuchtenden Vorbild für unzählige Menschen – gemäß dem Grundsatz aus dem großen Beziehungsbuch, der Bibel:

Wenn ihr [...] euch den Notleidenden zuwendet, dann wird eure Dunkelheit hell werden, rings um euch her wird das Licht strahlen wie am Mittag.

Jesaja 58,10 (GNB)

Unsere Beziehungen leben von Hilfsbereitschaft – und sterben an Gleichgültigkeit,
      sie leben von Handreichungen – und sterben am Zurückziehen,
            sie leben von geöffneten Händen – und sterben an geschlossenen Fäusten.

Und? Wer braucht heute deine Hilfe?
      Wer geht bald unter?
            Wer sollte heute aus seinem Ghetto gerettet werden?

IDENTITÄTS:KRISE

„Ich bin doch zu irgendetwas gut, ich habe eine Daseinsberechtigung.
Ich weiß, dass ich ein ganz anderer Mensch sein könnte! Wozu könnte ich nur
taugen, wozu könnte ich dienen? Es ist etwas in mir. Was ist es nur?"
Aus einem Brief von Vincent van Gogh an seinen Bruder Theo

Wie Vincent van Gogh sind wir auf der Suche ... wir alle, ein Leben lang.

Auf der Suche nach dem richtigen Platz,
     nach dem geeigneten Partner,
      nach den herausragenden Gaben,
       nach der eigenen Persönlichkeit.

Die Suche nach der Identität ist eine der wichtigsten Bedingungen für entspannte Beziehungen. Denn:
Wer sich selbst noch nicht gefunden hat, muss sich in jeder Begegnung neu beweisen – anderen und sich selbst.

Ich weiß, wovon ich rede. Bei mir hat die Identitäts-Findung lange gedauert. Als Jugendlicher litt ich viele Jahre unter krankhaften „MinKos" (Minderwertigkeitskomplexen). Das hieß, ich war ständig am Gaben-Suchen,
    ständig am Reaktionen-Abchecken,
    ständig am Emotionen-Kontrollieren,
     ständig am Kleidungsstil-Austesten.

Erst viele Jahre später fand ich meine Eigen-Art, meinen Rede-Stil, mein Gaben-Profil.
So wurde jede Begegnung und jede Beziehung entspannter – zum Glück!

Das Beste also, was du für die Güte deiner Beziehungen tun kannst, ist eine umfangreiche und kompromisslose Identitäts-Findung. Und wenn du dich gefunden hast, wirst du merken:
Wer seine Gaben kennt, kann andere damit beschenken.
 Wer seine Motive kennt, kann andere vor sich selbst bewahren.
  Wer seine Stimmungen kennt, kann sie besser kontrollieren.
   Wer sich selbst kennt, kann anderen Menschen frei begegnen.

„Es ist etwas in dir."
Hast du es schon gefunden?

JA:SAGER

Du sagst Ja – aus Liebe sagst du vorbehaltlos Ja.
Danny Plett

Gute Beziehungen leben vom Ja zum Anderen.
Nein hieße Ablehnung. Ja heißt Annahme.
Nein hieße „Eher-nicht". Ja heißt „Auf-jeden-Fall".
Nein hieße „Mal-sehen". Ja heißt „Gerne-doch".

Ein Ja lässt sich nicht abhalten von gemeinsamen Aktionen,
lässt sich nicht aufhalten durch schlechte Erfahrungen,
lässt sich nicht fernhalten durch frühere Verletzungen,
lässt sich nicht hinhalten durch offensichtliche Ausreden.

Was wären wir ohne das „Ja" anderer!
Beziehungen leben vom „Ja", nicht vom „Vielleicht" – und schon gar nicht vom „Nein".

Mutter Teresa berichtete mal:
Vor einiger Zeit ist ein kleines Kind gegen Mitternacht in unser Haus gekommen.
Ich bin hinuntergegangen, und das Kind hat geweint und gesagt:
„Ich bin zu meiner Mutter gegangen, sie wollte mich nicht.
Ich bin zu meinem Vater gegangen, er wollte mich nicht ...
Und du, willst du mich?"[28]

„Ja" heißt: Ich will dich!
Mehr noch: Ich liebe dich!

Frage:
Wer in deiner Umgebung geht momentan zugrunde am „Nein"?
Werde dort zum Ja-Sager!

....

....

....

....

....

KAMPF:ZONE

Des Lebens Erhabenheit zeigt sich erst im Kampfe
und in der Rettung seines inneren Ichs.
Wilhelm Vogel

Wir sind im Kampf:
Mal gegen den äußeren Verfall,
    mal gegen den inneren Schweinehund.
Mal gegen den äußeren Stumpfsinn,
    mal gegen die innere Armut.
Mal gegen die äußere Heuchelei,
    mal gegen den inneren Lärm.

Das ist unser privater Kampf ... und doch lebt er alle unsere Beziehungen.

Folgende Geschichte geht seit vielen Jahren um die Welt:
Ein alter Häuptling erzählte seinem Enkelsohn, was ihm durchs Leben half: „In
mir tobt ein Kampf zwischen zwei Wölfen. Einer ist böse – er kämpft mit Neid,
Eifersucht, Gier, Arroganz, Selbstmitleid, Gemeinheit, Überheblichkeit, Betrug und
Verdächtigungen.“
Er machte ein Pause und sprach dann weiter: „Der andere ist gut – er kämpft mit
Liebe, Freude, Aufmerksamkeit, Glaube, Hoffnung, Gelassenheit, Güte, Mitgefühl,
Großzügigkeit, Dankbarkeit, Vertrauen und Wahrheit.“
Er schaute seinen Enkel ernst an und erklärte: „Der gleiche Kampf tobt auch in dir –
und in jedem anderen Menschen.“
Der Enkel dachte eine Weile nach und fragte dann: „Und welcher Wolf wird bei mir
gewinnen?“
Der alte Häuptling antwortete: „Der, den du fütterst.“

So ist das also.
Der Kampf entscheidet sich daran, in welche Zone ich mich begebe,
                      welche Gefühle ich nähre und
                         welche Haltungen ich aushungere.

Unsere Aufgabe für heute fasst das Beziehungsbuch mit den Worten zusammen:
„Prüft alles. Was gut ist, das nehmt an. Aber was böse ist, darauf lasst euch nicht ein, in
welcher Gestalt auch immer es an euch herantritt.“
Die Bibel in 1. Thessalonicher 5,20-21 (NGÜ)

LÜGEN:GESCHICHTEN

Sei zu mutig, um zu lügen.
George Washington Carver (1864–1943)

Ich habe vor einiger Zeit folgende Lügen-Fakten gelesen:

Menschen lügen täglich im Schnitt 200 Mal.
Frauen lügen 20 % weniger als Männer.
Männer lügen weniger intelligent.
41 % der Menschen lügen, um sich Ärger zu ersparen,
    14 %, um das eigene Leben zu erleichtern,
        8 % zur Steigerung ihrer Beliebtheit,
            der Rest behauptet, keine Beweggründe zu haben.

Die so genannte „mentiologische Forschung" (lat. *mentiri* = lügen) hat das festgestellt.

Wie weiß man aber, ob eine Lüge auch tatsächlich eine Lüge ist?
Ist es Lüge, wenn man eine durchschnittliche Frisur mit „sieht gut aus" bezeichnet?
Ist es Lüge, wenn man einem schwerkranken Freund nicht sagt, dass er schlechter aussieht als noch vor kurzem?
Ist es eine Lüge, wenn man einem Kind sagt, dass es schön singt, obwohl es sich nicht so gut anhört?
Sind Komplimente eine Lüge?
    Lügt ein Kind, wenn es flunkert?
        Sind Floskeln Lüge?

Trotzdem liest man immer wieder Aussagen wie:
„Lügen beschädigen Beziehungen."
„Lügen machen Zusammenleben unmöglich."

Auch das große Buch der Beziehungen, die Bibel, fordert uns heraus:
„Legt die Lüge ab – redet die Wahrheit." (Epheser 4,16; NGÜ)

Gemeint sind hier Lügen, die zerstören.
Lügen, die zwischenmenschliche Beziehungen zerstören,
        mich selbst zerstören,
            andere zerstören und
                den Glauben zerstören.
Wer will das schon?
Mutig ist, wer die Wahrheit sagt … und heilend auch.

MUT:MACHER

Wir leben von der Ermutigung anderer. Ohne sie sterben wir:
schrittweise, traurig, verbittert.
Celeste Holm (1917-2012)[29]

Der allgemeine Mangel an Ermutigung in unseren Beziehungen ist traurig, aber wahr. Unzähligen Menschen graut vor ihrem Alltag, weil sie so wenig gute und bestätigende Worte hören … bei der Arbeit,
                    in der Familie,
                        im Ehrenamt,
                            in der Ehe.

Viele Worte sind eher gnadenlos ehrlich – als liebevoll aufbauend.
Wie einfach wäre es doch, unseren Mitmenschen das Leben leichter zu machen.
Nur ein paar gute Worte, nur etwas Lob, nur etwas Ermutigung, nur etwas Aufmerksamkeit, nur etwas Zuwendung, nur etwas Anerkennung – und ihr Leben wäre glücklicher … und unseres dazu.

Eine alte Weisheit sagt:
„Schreibe deine Kritik in den Staub, dein Lob aber in Marmor."

Bittere, harte Worte bleiben in Herz und Hirn des anderen hängen – heilende, ermutigende Worte ebenfalls.

Wir brauchen heute Menschen, die mehr ermutigen als kritisieren,
                    die mehr Gutes reden als Giftiges,
                        die mehr loben als fordern.

Was hält uns eigentlich davon ab?
Sind es die Menschen, die uns dann als Weichlinge sehen würden?
Sind wir selbst es, die verbittert sind und deshalb Ermutigung verweigern?
Ist es unsere Gedankenlosigkeit, die das Gute nicht mehr wahrnimmt?

Egal, was es ist … wir haben nichts zu verlieren, aber viel zu verschenken.

....

....

....

NICHT:WISSEN

Ich weiß nichts, sagt der Unwissende.
Du weißt nichts, sagt der Gelehrte.
Wir wissen nichts, sagt der Weise.

Albert Roderich (1846–1938)

Es gibt unzählige schlaue Fragen, auf die wir nur schwer eine Antwort finden:
Wie würden Stühle aussehen, wenn wir die Kniescheiben hinten hätten?
Warum muss man für den Besuch beim Hellseher einen Termin haben?
Warum hat Noah die zwei Stechmücken nicht erschlagen?
Wenn es heute null Grad hat und morgen doppelt so kalt werden soll, wie kalt wird es
dann?
Okay, es stimmt: Solche Fragen sind ja auch nicht dazu da, beantwortet zu werden.

Aber wenn es um „echte" Fragen geht, vergeht uns auch mal schnell das Lachen.
Schon in der Schule haben wir das schmerzlich erfahren. Die drei Worte „Ich weiß nicht"
will niemand hören. Wir werden im Lauf unseres Lebens darauf „abgerichtet" zu denken,
dass es falsch ist, keine Antworten zu haben. Es fühlt sich schlecht an, „nicht zu wissen".

Doch ... hast du schon mal über Folgendes nachgedacht:
Zu sagen „Ich weiß nicht", das war schon immer die Wurzel aller Erfindungen,
aller Erforschungen,
aller Entdeckungen.
Unwissenheit führt Kreativität herbei,
ruft Forschergeist hervor,
beschwört Ideen herauf.

So ist es auch bei anderen Frage-Arten:
Warum nur soll es schlimm sein, auf bohrende Warum-Fragen,
auf entblößende Anklage-Fragen,
auf brennende Lebens-Fragen
nicht sofort oder gar niemals antworten zu können?

Vorschnelle Antworten,
oberflächliche Erklärungen,
verletzende Besserwisserei,
entmündigenden Ratschläge haben immer schon geschadet.

Eins ist sicher:
Du machst dir Freunde mit den Worten „Ich weiß nicht" – und du behältst sie auch!

OFFENSIV:TAKTIK

Es ist leichter, das letzte Wort zu haben,
als den ersten Schritt zu tun.
Ernst Reinhardt [30]

Beziehungen leben vom ersten Schritt ... Beziehungsstörungen auch.
Denn von Zeit zu Zeit befinden wir uns in Sackgassen,
auf Umwegen,
auf Irrwegen,
auf Parkplätzen.
Wir stecken fest oder laufen in die falsche Richtung.
So ist das in Beziehungen.
Dann ist nichts wichtiger als die Bereitschaft zum ersten Schritt.

Den ersten Schritt zu gehen heißt, nicht zu warten.
Nicht warten, bis andere sich beteiligen,
bis andere anpacken,
bis andere sich entschuldigen,
bis andere dieselbe Einsicht haben,
bis andere zu mir kommen.
Wer stehen bleibt, wird nie weiterkommen.
Dann braucht es eine Kehrtwende und die ersten Schritte in die Freiheit – oder es
braucht Menschen, die uns herausholen.
Aber immer macht jemand den ersten Schritt – entweder du oder andere.

Behauptung:
Starke Menschen tun den ersten Schritt ... für sich selbst oder für andere.
Schwache Menschen dagegen bleiben stehen, warten, schmollen, igeln sich ein.

Schon der Volksmund sagt:
„Auch der erste Schritt gehört zum Weg."
Der zweite Schritt auch. Und ebenfalls der dritte.
Das ist so lange wichtig, bis wir den Weg zu Ende gegangen sind.

Warte nicht ... geh zuerst!
Du weißt schon, wohin!?

....

....

PRÄGE:FORM

Man überschätzt wohl leicht das eigene Wirken und Tun in seiner Wichtigkeit gegenüber dem, was man nur durch andere geworden ist.
Dietrich Bonhoeffer [31]

Ich bin nicht zu denken ohne die Menschen und Situationen, die mich geprägt haben,
geformt haben,
gestaltet haben.

Schau mal kurz zurück:
Wer hat dein Leben „be-eindruckt"?
Welche Erlebnisse waren „be-drückend"?
Welche Zusammenkünfte haben dich geprägt?
Welche Begegnungen haben Spuren hinterlassen?

Es stimmt einfach:
Begegnungen, die deine Seele berührt haben,
die dein Innerstes erreicht haben,
die dein Herz verändert haben,
hatten Einfluss auf dein jetziges So-Sein.

Denk mal: Deine Geschichte hat nicht mit deiner Geburt begonnen.
Die wenigen Jahre, die du schon gelebt hast, sind verschwindend gering im Vergleich zu den vielen Jahren, in denen
deine Umgebung,
deine Familie,
deine Freunde schon eine Geschichte hatten.

Die Weltgeschichte hat nicht mit dir begonnen – du bist *nur* ein Teil der Geschichte.
Aber: Du *bist* ein Teil! Du gehörst dazu.

Du bist geprägt worden,
bist in Form gekommen,
hast dein Profil erhalten.

Du bist genau so, weil du eindrückliche Begegnungen hattest.

Erstens: Es ist Zeit, ein Ja dazu zu finden – auch zu den schweren Stunden.
Zweitens: Es ist Zeit, mal Danke zu sagen – den Menschen und Gott.

QUER:DENKEN

Menschen, die sich in kein Schema pressen lassen, die die Dinge meist anders sehen als die anderen, die sich oft keinen Regeln beugen, die keinen Respekt vor dem Status Quo haben, sind die Menschen, die die Menschheit weiterbringen, weil sie es sind, die verändern, erfinden, erforschen, formen, erschaffen, heilen und inspirieren. Wir nennen sie Querdenker, Visionäre, Idealisten, und manchmal auch Rebellen. Wir brauchen solche Menschen.
Unbekannt

Die Welt braucht Quer-Denker.
Keine Status-Denker,
    keine Massen-Denker,
        keine Elite-Denker,
            keine Wunsch-Denker,
                keine Kontroll-Denker.
Sinnvolles Querdenken ist keine Haltung, sondern eine Fähigkeit, die wir einsetzen
sollten, wenn wir sie brauchen.

Ob ihr's glaubt oder nicht: Auch in jeder Beziehung brauchen wir das Quer-Denken.
Denn wir wissen nie, was als Nächstes kommt,
                        was unseren Nächsten alles einfällt.
Beziehungen sind nie starr, sondern immer der Veränderung unterworfen.
„Das haben wir schon immer so gemacht" – geht nicht.
Alte Wege müssen immer hinterfragt werden und
    neue Wege finden wir immer nur über tiefes Nachdenken.

Die Welt braucht Quer-Denker.
Flexibel-Denker,
    Neu-Denker,
        Weit-Denker,
            Tief-Denker.
In den Wechselzeiten des Lebens ist es nötig,
den Blickwinkel zu ändern,
    neuen Raum zu schaffen,
        neue Möglichkeiten zu finden.
Los geht's!

REDENS:ART

Lasst ja kein giftiges Wort über eure Lippen kommen!
Seht lieber zu, dass ihr für die anderen, wo es nötig ist, ein gutes
Wort habt, das weiterhilft und denen wohl tut, die es hören.
Die Bibel in Epheser 4,29 (GNB)

Wer ein gutes Wort hat, löst Gutes aus.
Irgendwo hab ich dazu folgende Geschichte gelesen – keine Ahnung, wo:

> *Zwei Frauen im polnischen Militär schlossen einen Pakt: Sie wollten sich gegenseitig*
> *auf dem Weg nach oben unterstützen. In jeder Konferenz, die Magda besuchte, lobte*
> *sie ihre Kollegin Theresa. Wann immer sich die Gelegenheit bot, empfahl Theresa*
> *Magda für neue Aufgaben. Nach kurzer Zeit hielten Dritte Theresa für brillant oder*
> *flüsterten voll Ehrfurcht: „Hast du schon gehört, Magda ist auch im Rennen für diese*
> *hohe Position?"*

Wer gut über andere redet, sorgt für deren An-Sehen,
deren Be-Förderung,
deren Fort-Schritt.

Das ist die eine Seite. Die andere ist:
Wie du sprichst, formt deine Sicht über Menschen,
deine Gefühle für Menschen,
dein Verhalten gegenüber Menschen.
Wie du sprichst, formt deine Sicht über die Welt,
deine Gewohnheiten in der Welt,
dein Leben mit der Welt.

Du tust also Gutes für andere – und für dich selbst.
Was spricht also dagegen, mehr Gutes als Schlechtes weiterzusagen?

Fazit:
Gut über andere reden! Das ist die rechte Redens-Art!

Überleg dir, wer es heute braucht, dass du gut über sie/ihn redest.

....

....

....

SELBST:MITLEID

Wer bei sich selbst stehen bleibt, kommt nicht weit.
Franz Kamphaus[32]

Amy Morin, die amerikanische Psychotherapeutin und Sozialpädagogin, verlor innerhalb von drei Jahren völlig unerwartet zwei geliebte Menschen: ihre Mutter und ihren Mann. Sie wurde fast wahnsinnig, als ihr Stiefvater dann noch an Krebs erkrankte.
In dieser Zeit schrieb sie sich selbst einen Brief. Der umfasste eine Liste von Dingen, die sie in ihrer Situation nicht zulassen wollte.

Aus dem Brief entstand ein Buch, das in mehr als 20 Sprachen übersetzt wurde: „13 Things Mentally Strong People Don't Do" (13 Dinge, die mental starke Menschen nicht tun).

Drei aus diesen Dreizehn sind:

Sie verschwenden keine Zeit damit, sich selbst leid zu tun,
    akzeptieren, dass Lebensführungen nicht immer fair sind,
        fragen nicht ständig „Warum ich?",
            übernehmen Verantwortung für ihre Zukunft.

Sie leben nicht ständig in der Vergangenheit,
    stecken nicht fest im bisher Erlebten,
        verwenden ihre Kräfte für die Gegenwart,
            entscheiden weiter selbst, ob sie glücklich sind.

Sie haben nicht das Gefühl, die Welt schulde ihnen etwas,
    erwarten nicht, dass es ihnen immer gut geht,
        pochen nicht auf ihr Recht auf ein unbeschwertes Leben,
            machen im Jetzt das Beste aus ihren Gaben und Fähigkeiten.

Wenn du weiterkommen willst – bleib nicht bei dir selbst stehen!
Geh weiter!

....

....

....

....

TROTZ:DEM

Manche Leute sind unvernünftig, unlogisch und egozentrisch;
vergib ihnen trotzdem.
Wenn du freundlich bist, werden Leute dir selbstsüchtige und versteckte Motive vorwerfen;
sei trotzdem freundlich.
Wenn du erfolgreich bist, wirst du einige falsche Freunde und einige wahre Feinde gewinnen;
sei trotzdem erfolgreich.
Wenn du offen und ehrlich bist, wird es wahrscheinlich Leute geben, die dich betrügen;
sei trotzdem offen und ehrlich.
Wenn du froh und heiter bist, wird es wahrscheinlich Leute geben,
die neidisch und eifersüchtig sind;
sei trotzdem fröhlich.
Was du in Jahren aufbaust, könnte jemand in einer Nacht zerstören;
baue trotzdem.
Das, was du heute Gutes tust, mögen die Leute morgen schon wieder vergessen haben;
tue trotzdem Gutes.
Gib der Welt das Beste, was du hast – und wenn es auch nie genug ist;
gib der Welt trotzdem das Beste, was du hast.
Du siehst, schlussendlich ist alles eine Sache zwischen dir und Gott;
es ging eigentlich nie um dich und sie.

Mutter Teresa (1910-1997) [33]

Wir lieben nicht nur „weil", sondern auch „trotzdem",
  wir reden nicht nur „weil", sondern auch „trotzdem",
    wir handeln nicht nur „weil", sondern auch „trotzdem".

Wir lieben, reden und handeln immer auch allen Bosheiten, Widrigkeiten, Unvernünftigkeiten, Betrügereien, Eifersüchteleien, Vergesslichkeiten, Erwartungen zum Trotz.
Wir lieben, reden und handeln immer auch in Beziehung zu einer „höheren Macht", in Beziehung zu Gott.

Wo braucht deine Um-Welt heute dein „Trotz-Dem"?

....

....

....

....

UNTER:STÜTZER

*Man muss sich untereinander helfen, das ist eigentlich das
Beste von der Ehe. Sich unterstützen und vor allem nachsichtig
sein und sich in das Recht des anderen einleben.*
Theodor Fontane (1819-1898)

Von Zeit zu Zeit brauchen wir einander zum Aufbauen,
zum Fördern,
zum Beschleunigen,
zum Ankurbeln,
zum Voranbringen.

Ein sehr familiäres, anrührendes Beispiel dazu geht um die Welt und durch die sozialen
Netzwerke:

> *Eines Tages kam Thomas Edison von der Schule nach Hause und gab seiner Mutter
> einen Brief. Er sagte ihr: „Mein Lehrer hat mir diesen Brief gegeben und sagte mir, ich
> solle ihn nur meiner Mutter zu lesen geben.“*
>
> *Die Mutter hatte die Augen voller Tränen, als sie dem Kind laut vorlas: „Ihr Sohn ist
> ein Genie. Diese Schule ist zu klein für ihn und hat keine Lehrer, die gut genug sind,
> ihn zu unterrichten. Bitte unterrichten Sie ihn selbst.“*
>
> *Viele Jahre nach dem Tod der Mutter, Edison war inzwischen einer der größten
> Erfinder des Jahrhunderts, durchsuchte er eines Tages alte Familiensachen.
> Plötzlich stieß er in einer Schreibtischschublade auf ein zusammengefaltetes Blatt
> Papier. Er nahm es und öffnete es. Auf dem Blatt stand geschrieben: „Ihr Sohn ist
> geistig behindert. Wir wollen ihn nicht mehr in unserer Schule haben.“*
>
> *Edison weinte stundenlang und dann schrieb er in sein Tagebuch: „Thomas Alva
> Edison war ein geistig behindertes Kind. Durch eine heldenhafte Mutter wurde er
> zum größten Genie des Jahrhunderts.“*
>
> *(aus dem Englischen übersetzt: Bhajan Noam)*

Von Zeit zu Zeit brauchen wir solche Helden, die sehen, was wir brauchen,
die mehr in uns sehen als alle anderen.

Überlege, wen du heute unterstützen und voranbringen willst.

....

....

....

VOR:WERFEN

Ein schwerer Vorwurf schadet, auch wenn er leichtfertig dahingesagt worden ist.
(Grave crimen, etiam leviter cum est dictum, nocet.)
Publilius Syrus (ca. 90-40 v. Chr.)

Wer anderen Menschen ihre Taten nachträgt, wird ihnen das irgendwann vorwerfen.
Der Ursprung jedes Vorwurfs ist also immer eine Verletzung mit Nachtrag.
Daran kranken viele Beziehungen ... und manche sterben daran.

Die Spielarten der Vorwürfe sind vielfältig:
Manche Vorwürfe verpacke ich berechnend in Humor.
    Andere wieder äußere ich ohne Worte – mit Seitenblicken oder Herabschauen.
Manche Vorwürfe verpacke ich in vermeintlich sachliche Kritik.
    Andere wieder äußere ich, indem ich jemanden daran erinnere,
    was ich schon alles für ihn getan habe.
Manche Vorwürfe verpacke ich in Aussagen über andere.
    Andere wieder äußere ich, indem ich Kritik mit Retourkutschen zurückgebe.

Egal, welche Spielart ich zocke ... das Ergebnis bleibt verletzend,
                      verunsichernd,
                        verachtend.

Nächstes Unterthema:
Wie gehe ich selbst mit Vorwürfen um?
Indem ich sie übelnehme?
    Oder indem ich sie ernstnehme?
        Indem ich sie zurückgebe?
           Oder indem ich sie vergebe?

Ernstnehmen und vergeben scheinen mir die Wirksamsten, die Heilsamsten,
die Würdevollsten.

Das findet auch Paulus, einer der Großen der Bibel:
Geht nachsichtig miteinander um
und vergebt einander, wenn einer dem anderen etwas vorzuwerfen hat.
Die Bibel in Kolosser 3,13 (NGÜ)

Was meinst du?

WEIT:HERZIG

*Man muss alles im gesellschaftlichen Geschehen wie im Privatleben nehmen:
ruhig, großzügig und mit einem milden Lächeln.*
Rosa Luxemburg (1870-1919)

Vor einigen Jahren las ich irgendwo in einer Zeitschrift einen Artikel, in dem von einem kanadischen Indianerhäuptling berichtet wurde, der ein Ritual seines Indianerstamms fortführte. Das Ritual ging ganz einfach: Er verschenkt als Häuptling sein gesamtes Vermögen und zusätzlich noch das, was ihm Verwandte und Freunde speziell für das Verschenken geliehen hatten. Am ersten Tag verteilte er mehrere Motorboote und Kanus, einige Billiardtische, mehrere Geigen und Gitarren, unzählige Eichenstämme und vieles andere mehr. Ein großes Fest! Es dauerte mehr als fünf Tage.
Man nennt dieses Ritual „Potlatch". In Kanada war es bis 1950 verboten. In der Indianerkultur hatte das religiöse Gründe. Sie ehrten damit ihre Ahnen und wollten so das Gleichgewicht in der sichtbaren und der unsichtbaren Welt sicherstellen.
Heute wird dieser Brauch wieder gelebt – allerdings mehr mit dem Schwerpunkt, Weitherzigkeit zu wecken und Großzügigkeit zu pflegen.

Es ist ein hohes Gut,
    weitherzig zu sein,
        großzügig,
            freigebig,
                nachsichtig,
                    spendabel,
                        mild.

Das gilt in allen Beziehungen:
… im Vergeben von Fehlern,
    … im Weitergeben von Liebe,
        … im Schenken von Zeit,
            … im Spenden von Zuwendung,
                … im Überlassen von Besitz.

Weite dein Herz!

....

....

....

ZACK:ZACK

Ungeduld hat häufig Schuld.
Wilhelm Busch (1832-1908)

Eine Familie beim Abendbrot.
Fragt der Vater: *„Kann ich mal die Butter haben?"* – Fragt die Mutter: *„Wie heißt das Zauberwort?"* – Antwortet der Vater: *„Zack-Zack!"*

Nicht sehr höflich. Eher ungehobelt, ungezogen, ungeduldig.

Es ist so eine Sache mit der Ungeduld.
Alles beginnt in deinem Kopf und pflanzt sich fort in deinen Gefühlen.
Du musst also in deinen Gedanken ansetzen, wenn du deine Ungeduld bekämpfen willst.

Mach dir deshalb folgendes bewusst:
Manche Dinge liegen außerhalb unseres Einflussbereichs.
Manche Dinge sind noch nicht reif zur Umsetzung.
Manche Dinge gehen durch zu schnelles Vorgehen flöten.

Nicht alles lässt sich so schnell,
so einfach,
so gut lösen, wie wir das wünschen.

Unsere Wirkungen sind begrenzt, ob wir das akzeptieren oder nicht.
Und: Akzeptieren ist besser als ausflippen.

Schon mal im Stau gestanden? Eines der besten Beispiele für unsere Begrenztheit.
Es geht nicht schneller voran, wenn du dich ärgerst.
Es löst sich nichts auf, wenn du ungeduldig bleibst.
Es läuft nicht besser, wenn du andere beschuldigst.

Ungeduld ist meist wenig hilfreich und fast immer kontraproduktiv.
Auch im Beziehungsstau,
im Arbeitsstau,
im Terminstau,
im Gesprächsstau ist das so.

Denk daran weiter. Es lohnt sich. Denn:
Wer geduldig ist, der ist weise; wer aber ungeduldig ist, offenbart seine Torheit.
Die Bibel in Sprüche 14,29 (LUT)

WACHSEN:LASSEN

Gib deinen Beziehungen Zeit und
Raum, Wachstums-Zeit und Frei-Raum.

AUGEN:BLICK

Es gibt in der ganzen Weltgeschichte immer nur eine wirklich bedeutsame Stunde
– die Gegenwart. Wer aus der Gegenwart flieht, flieht den Stunden Gottes.
Dietrich Bonhoeffer[34]

Während wir leben, ist nie Zukunft oder Vergangenheit
   … immer nur Gegenwart.
Allerdings sind wir mit unsere Aufmerksamkeit viel zu selten in der Gegenwart
   … mehr in der Vergangenheit und in der Zukunft.
Was uns eigentlich beschäftigt, ist selten das, was in der Gegenwart gegeben ist
   … viel mehr das, was wir erlebt haben und erleben werden.
Blaise Pascal (1623–1662), der Begründer der Wahrscheinlichkeitsrechnung, formuliert
das sogar noch radikaler:

> *Wir halten uns niemals an die Gegenwart, sondern nehmen ständig die Zukunft voraus*
> *und rufen die Vergangenheit zurück. Wir sind so unklug, in Zeiten umherzuirren, die*
> *uns nichts angehen, um nicht an die einzige Zeit zu denken, die uns wirklich gehört.*

Kürzlich dazu gelesen:
Unser Gehirn arbeitet in einem Drei-Sekunden-Rhythmus. Das ist die Zeit, die wir selbst
und alle Menschen um uns als Gegenwart empfinden.

> *„Unsere Entscheidungen fallen im Drei-Sekunden-Takt. Auch manche Bewegungen*
> *sind an dieses Zeitfenster von 2,7 bis 3 Sekunden gebunden: Ein Händedruck, ein*
> *Blick zurück, eine Zeile eines Gedichts, ein Schluck Wein, all dies dauert ungefähr drei*
> *Sekunden.*
> *Auch für unseren Sprechrhytmus gilt der Drei-Sekunden-Rhythmus: Man unterteilt*
> *die Aussagen ganz automatisch in Drei-Sekunden-Rhythmen und das, egal in welcher*
> *Sprachen der Welt. In diese drei Sekunden Gegenwart passen dann je nach Sprechge-*
> *schwindigkeit 8 bis 12 Silben."*[35]

Diese Gegenwart, diese 2,7 bis 3 Sekunden, hat man nur einmal – nichts kommt wieder.
Das kann nur eins heißen: Jeder Augenblick ist wertvoll, weil er einzigartig ist.

Deshalb ist es wichtig, bewusst zu erleben,
                          bewusst zu genießen.

Welche Augen-Blicke willst du heute genießen?

....

....

BEZIEHUNGS:SÄTZE

*Wenn du einen Satz bildest, tue es nicht, als ob du eine Schrotflinte,
sondern eine Jagdflinte laden würdest. Schieße nicht mit einer
solchen Ladung, dass du eine Menge Dinge in der Umgebung triffst,
sondern schieße mit einer einzigen Kugel und treffe nur das Ziel.*
Joseph Ruggles Wilson (1822-1903)

Die „treffendsten", tiefgehendsten Sätze und Worte für Menschen in Beziehungen sind:

„Deine Meinung ist mir wichtig" – das ist Wertschätzung.
„Was möchtest du unternehmen?" – das ist Offenheit.
„Es ist schön, dich zu sehen" – das ist Zuneigung.
„Was denkst du darüber?" – das ist Dazulernen.
„Du hast recht" – das ist Selbstaufgabe.
„Danke" – das ist Respekt.
„Bitte" – das ist Höflichkeit.

„Vergib mir" – das ist Bekenntnis.
„Erzähl mal" – das ist Interesse.
„Ich verzeihe dir" – das ist Großzügigkeit.
„Ich bin da" – das ist Versicherung.
„Ich bin für dich da" – das ist Versprechen.
„Ich vertraue dir" – das ist Hingabe.

All das sind Sätze und Worte, die es in sich haben,
die Zuwendung in sich haben,
die Hochachtung in sich haben,
die Liebe in sich haben.

Sorge heute dafür, dass diese Sätze und Worte ihr Ziel treffen!

....

....

....

....

....

CHILL:FAKTOR

Relax and wait (Entspanne dich und warte).
Unbekannt

Viele Menschen wünschen sich, in ihren Beziehungen entspannter zu wirken,
gelassener zu sein,
freier zu handeln.

Es gibt einfach zu viele Störungen, die uns die Gelassenheit rauben.
Uns stört Unvorhergesehenes,
Unveränderbares,
Unververmeidbares,
Unvertrautes.
Uns wirft so viel so schnell aus der Bahn und raubt uns die Freiheit.
Wir sind unendlich verspannt, wenn wir von Störungen betroffen sind.

Wie entspannt wären wir, …
… wenn wir nicht ständig ändern wollten, was wir nicht ändern können,
… wenn wir nicht ständig Angst hätte, etwas zu verpassen,
… wenn wir nicht ständig geknechtet wären von Verpflichtungen.

Wie entspannt könnten unsere Beziehungen sein, …
… wenn wir statt Ja auch öfters mal Nein sagen würden,
… wenn wir statt pflichtorientiert auch mal genussorientiert sein könnten,
… wenn wir statt schnelllebig auch mal langsam wären,
… wenn wir statt oberflächlich auch mal achtsam lebten.

Der „Chill-Faktor" des Lebens hört sich im Buch der Beziehungen, der Bibel, so an:
Das Beste, was der Mensch tun kann, ist, sich zu freuen und sein Leben zu genießen,
solange er es hat.
Prediger 3,12 (GNB)

Notiere, welche Dinge dich in der Regel abhalten, entspannt zu leben –
und was dir helfen könnte, gelassener zu sein.

....

....

....

DENK:AUFGABE

Wäge, dann wage – denke, dann sage.
August Lämmle (1876-1962), schwäbischer Dichter

Über dem Portal des Hof Georgenau in Möttlingen (Nordschwarzwald) steht dieser Satz als Leitspruch der Familie des Gründers Wilhelm Friedrich Hermann von Franken in einer leicht veränderten und erweiterten Form:
Erst wäge, dann wage,
*   erst denke, dann sage,*
*   schnell ist gebrochen, doch langsam gebaut.*

Ich nehme mal eins raus: wäge – dann wage.
Jede Entscheidung, die du heute fällen wirst, hat immer Folgen für andere Menschen. Deshalb ist es nötig, vor wichtigen Entscheidungen diese Auswirkungen zu bedenken.

Eine Hilfe könnte sein:
Vervollständige für dich den Satz „Wenn ..., dann ..." so oft, bist dir keine positiven oder negativen Folgen mehr zu der geforderten Entscheidung einfallen.

Wenn ich das tue, dann löse ich damit aus ...
    Wenn ich das entscheide, dann folgt daraus ...
        Wenn ich das angehe, dann helfe ich damit ...
            Wenn ich das plane, dann werden andere deshalb ...

Überdenke die Auswirkungen – vor allem die Folgen für deine Mitmenschen.

Außerdem kannst du noch Berater, Freunde, Partner um Rat fragen, denn:
Pläne ohne Beratung schlagen fehl; durch gute Ratgeber führen sie zum Ziel.
Die Bibel in Sprüche 15,22 (GNB)

Das alles zum Beispiel ist mit „wägen" gemeint.

Wenn .... dann ....

Wenn .... dann ....

Wenn .... dann ....

Wenn .... dann ....

END:LOS

Die Liebe ist das Bewusstsein, Freude zu geben und zu empfangen, die Liebe ist ein ewig wechselndes Verlangen, ewig befriedigt und ewig unersättlich.
Honoré de Balzac (1799-1850)

Kürzlich hab ich gelesen:
*Die Grundsehnsucht des Menschen richtet sich darauf, geliebt zu werden und andere zu lieben. [...] Wenn es Stunden gibt, in denen sie sich erfüllt, dann bricht einen neue Sehnsucht auf: dass die Erfüllung bleibe, dass sie nicht vergehe. **Alle Liebe will Ewigkeit.*** [36]

Wie wahr!
So schön ist die Liebe – zu lieben und geliebt zu werden –, dass sie endlos sein sollte.
Sie soll nie aufhören,
> endlos so bleiben,
>> ewig so weitergehen.

Liebe fördert den Durst nach Ewigkeit,
> verstärkt den Wert der Ewigkeit,
>> verlangt nach der Zeitlosigkeit der Ewigkeit.

Liebe will sich immer verewigen!
Sie überdauert nicht nur die Grenzen der Zeit, sondern auch das Versagen, die Schwächen, die Fehler des „Geliebten".
Wer sich geliebt weiß, steckt nicht im Zeitlichen fest.
> Wer sich geliebt weiß, sieht mehr als nur die Schönheit des Moments.
>> Liebe schmeckt nach Ewigkeit.

Was heißt das nun für dich und deine Beziehungen?
Genieße es, geliebt zu werden und zu lieben.
> Verhalte dich so, dass andere sich wünschen, ewig so behandelt zu werden.
>> Handle so, dass deine Mitmenschen Durst nach Ewigkeit bekommen.
Verewige dich bei ihnen.

Vielleicht kannst du ja auch zusätzlich noch folgenden Ewigkeitsgedanken in Betracht ziehen: Der christliche Glaube lebt mit der Überzeugung, dass die ewige Liebe und der ewige Gott nicht ohne einander zu denken sind. Die Bibel setzt sogar noch mal eins drauf, wenn sie behauptet: „Gott ist Liebe."

Könnte es sein, dass Gott sich in Liebe bei dir verewigen will,
> dass der ewig liebende Gott dir helfen könnte?

FENSTER:ÖFFNER

Off'nes Fenster Tag und Nacht
hat manchem schon viel Heil gebracht.
Alte Weisheit

Die „Idee" habe ich von Frank Laubach (1884–1970).
Ein bewundernswerter Mann, der vor allem durch seine weltweit eingesetzten Alphabetisierungsprogramme bekannt wurde. Man nannte ihn deshalb den „Apostel der Analphabeten". Mich beeindruckt an ihm vor allem, dass er nicht müde wurde, von *„offenen Fenstern"* zu reden. Allerdings meinte er damit etwas ganz Anderes.

Und zwar: weit offen zu sein für die Menschen und ihre Bedürfnisse.
> Die Fenster nach außen zu den Mitmenschen, besonders nach unten zu den Bedürftigen zu öffnen.
> > Und wer sich traut, dem empfiehlt Laubach noch, die Fenster nach oben zu Gott aufzureißen.

Fenster auf – nach außen und nach oben.
Das war sein Lebensmotto. Danach gestaltete er seinen Alltag.

Nun zu uns:
Oft verschließen wir unsere Fenster so lange, bis der Mief nicht mehr zu ertragen ist.
Niemand darf in unser Leben schauen,
> darf unsere Motive entdecken,
> > darf unsere Ruhe stören.

Keiner darf unser Verhalten kritisieren,
> darf unsere Freiheit hinterfragen,
> > darf sich in unseren Alltag einmischen.

So werden wir einsam und unerreichbar.

Deshalb:
Öffne die Fenster deines Lebens – nach außen und nach oben.
Erlaube anderen Menschen und Gott, frischen Wind in dein Leben zu bringen.

....

....

....

....

GLEICH:GÜLTIGKEIT

Die größte Sünde ist der Mangel an Liebe und Nächstenliebe,
die furchtbare Gleichgültigkeit dem Nächsten gegenüber.
Mutter Teresa

Bisher dachte ich immer, das krasseste Gegenteil von Liebe sei Hass.
Heute bin ich der Überzeugung, dass Hass harmloser ist als Gleichgültigkeit.
Gleichgültigkeit vereist das Herz,
          begrenzt die Zuwendung,
            verhärtet die Positionen,
              versaut die Stimmung.

Es stimmt, was der Schriftsteller Christian Morgenstern (1871–1914) entdeckt hat:
Es gibt keine größere Enttäuschung, als wenn du mit einer recht großen Freude im Herzen
zu gleichgültigen Menschen kommst.
Gleichgültigkeit ist enttäuschend,
          handelt teilnahmslos und
            vergiftet die Atmosphäre.
Die Folge:
Keine interessierte Nähe,
    keine Beteiligung des Herzens,
       keine Betroffenheit der Seele,
... und das bei vollem Bewusstsein der Notwendigkeit, der Zusammenhänge, der Fakten.

Bei mir schleicht sich manchmal die Gleichgültigkeit unerkannt ins Hirn:
Da mache ich mir vor, ich sei tolerant – aber im tiefsten Grund bin ich gleichgültig.
Da spiele ich Gelassenheit – aber im tiefsten Grund vermeide ich Verantwortung.
Da heuchle ich Geschäftigkeit – aber im tiefsten Grund scheue ich mich vor Engagement.

Also Vorsicht!
Achte auf die Beteiligung deines Herzens und bekämpfe die Gleichgültigkeit.

Übrigens:
Gleichgültigkeit ist nicht nur das Gegenteil von Liebe,
sondern das Gegenteil jedes Gefühls.
Also: Prädikat „besonders gefährlich"!

HIN:GABE

Fragt nicht, was euer Land für euch tun kann,
sondern fragt, was ihr für euer Land tun könnt.

John F. Kennedy in seiner Antrittsrede

Beziehungen, die wir leben, um etwas von ihnen zu haben, bereichern uns zwar ...
aber nur einseitig.
Wenn ich eine Beziehung eingehe, um zu profitieren,
                              um besser da zu stehen,
                                 um meine Probleme zu lösen,
                                    um andere zu ändern,
wird allein die Einseitigkeit der Beziehung zersetzend wirken.
Dann geht es mir nicht um Hingabe, sondern um meinen Gewinn,
                                 um meinen Ruf,
                              um meine Lösungen,
                                 um meine Macht.

Eine schlechte Grundlage für jede Beziehung.
Hin-Gabe ist die beste Grundlage ... sie lässt andere glücklich sein, zufrieden werden.
Geliebt. Denn Hin-Gabe ist Liebe.
Hin-Gabe heißt, dass man den anderen mit sich selbst beschenkt (Gabe),
                  dass man sich selbst zurücknimmt (geben statt nehmen),
                     dass man dem anderen dient und den Vortritt lässt.

Wer sich hingibt, erleichtert anderen das Leben.
Die Erfahrung zeigt: Wer sich durch Hin-Gabe geliebt weiß, liebt und gibt gerne wieder.
Wer zuerst geliebt wird, dem fällt es leichter, „weiterzulieben".

Diese Weisheit kommt nicht von mir. Ich habe sie aus dem Buch der Beziehungen,
der Bibel: *„Wir lieben, weil er uns zuerst geliebt hat."* (1. Johannes 4,19; NGÜ)

Und Liebe ist Hin-Gabe.

Überlege: Wer braucht heute wohl meine Hin-Gabe?

....

....

....

IDEAL:BILD

Wir tragen alle ein Ideal in und mit uns, was wir sein sollen und nicht sind;
die Schlacken, die wir ablegen, die Form, die wir erlangen sollen, kennen wir alle.
Johann Gottfried von Herder (1744–1803)

Wir wissen durchaus, wo unsere Defizite liegen,
               was wir aufgeben sollten,
                   wer wir werden könnten.
Wir kennen unser Ich-Ideal genau.
Das Problem:
    „Wie ich bin" unterscheidet sich zu oft
        von dem, wie „ich sein möchte"
           und dem, wie „andere mich haben möchten".

Wir – alle miteinander – möchten angesehen sein, gut dastehen, tief bewundert sein,
uneingeschränkt geliebt werden. Und um dem Ideal-Bild („wie ich sein möchte" und „wie
andere mich haben möchten") zu entsprechen, schlagen wir die tollsten Kapriolen:
Wir manipulieren uns selbst,
    wir spielen anderen etwas vor,
        wir malen ein trügerisches Bild von uns.

Und dann kommt's unweigerlich:
Um vor uns und anderen gut da zu stehen, stehen wir nicht zu unseren Eigen-Arten.
    Um eine Rolle zu spielen, spielen wir falsche Rollen.
        Um uns freier zu fühlen, beschränken wir unsere Freiheit.
           Um beachtet zu werden, be(ob)achten wir unsere Wirkungen.
Das zehrt, ist anstrengend, viel zu kraftraubend.

Der einzige Weg, Kraft zu sparen:
Sich auf den Weg machen zu sich selbst.
Wir sind eben nicht, was wir scheinen, wie andere uns sehen.
Wir sind eben nicht, was wir spielen, wie wir uns selbst sehen.

Ob du's glaubst oder nicht: Mein Weg zu mir selbst war gepflastert mit guten Sätzen.
Zum Beispiel mit dem Satz des berühmten englischen Pfarrers Spurgeon:
    „Was du allein bist, das allein bist du."
Oder dem Ende eines Gedichts von Dietrich Bonhoeffer:
    „Wer bin ich? Einsames Fragen treibt mit mir Spott.
    Wer ich auch bin, Du kennst mich, Dein bin ich, o Gott!"
Seit diese Worte mein Herz erreicht haben, ahne ich, wer ich bin – und wer nicht.

JONAS:KOMPLEX

Wenn du einmal recht mutlos und niedergeschlagen bist, dann denk an Jonas.
Er kam sogar aus dem Bauch des Walfisches wieder heraus.
Thomas Alva Edison (1847-1931)

Keine Ahnung, ob du die Geschichte von Jona kennst. Ihr wird in der Bibel ein ganzes
Buch gewidmet. Jona bekam von Gott den Auftrag, in der Stadt Ninive zu predigen, um
die Leute dort auf ihre Bosheit hinzuweisen. Doch anstatt mutig loszugehen, floh er in
die Gegenrichtung.
Keine gute Idee. Sein Schiff kam in Seenot. Er wurde ins Meer geworfen und von einem
großen Fisch verschluckt.

Sich seiner Berufung verweigern hat einen Preis. Der Psychologe Abraham Maslow hat
den Begriff des *„Jonas-Komplex"* geprägt.
Er meint, der Jonas-Komplex entspräche unserer normalen Reaktion,
auf Herausforderungen erst einmal behutsam und vorsichtig zu reagieren,
    vor einer klaren Berufung erst einmal davonzulaufen,
        schwere Wege erst einmal zu vermeiden.

Der Jonas-Komplex bezeichnet also
eine Vermeidung von unangenehmen und unvorhersehbaren Situationen,
    eine Abwehrhaltung gegen Wachstum,
        die Furcht vor der eigenen Courage,
            die Angst, an einer großen Aufgabe zu scheitern.

So etwas gibt es – auch bei uns.

Egal aus welchem Grund wir aus unserer Beauftragung fliehen – die Flucht hat einen
Preis. Es kostet uns vielleicht weniger Kraft ... aber mehr Heuchelei.
    Es kostet uns vielleicht weniger Überwindung ... aber mehr Leben.
        Es kostet uns vielleicht weniger Geld ... aber mehr Qualität.

Flucht ist keine Lösung – lediglich die zeitliche Verschiebung einer nötigen Entscheidung.

Zum Schluss:
Nach drei Tagen wurde Jona wieder an den Anfangspunkt zurückgeführt. Er erhielt sei-
nen Ursprungsauftrag noch einmal – dieses Mal aber erfüllte er ihn überaus erfolgreich.
So kann es auch gehen. Auch bei dir?

KLEIN:KARIERT

Wenn zwei Kleinliche sich paaren, mög' die andern Gott bewahren.
Knausern beide im Verein, wird es unerträglich sein.
Otto Julius Bierbaum (1865-1910)

Wer kleinlich ist, wird krank unbarmherzig, zornig, empfindlich, knausrig.

Das passiert in der Regel immer dann, wenn es zu viele Kleinigkeiten gibt,
die nicht so laufen, wie man sich das vorstellt,
    die man kritisieren könnte,
        die Störfaktoren sind,
            die uns herausfordern.

Letztendlich ist Kleinlichkeit eine Art „Egotrip", weil meine Vorstellungen, wie etwas
laufen muss, aussehen muss, gelingen muss, über allem steht.

Kleinlichkeit ist unschön und hässlich.
Entsprechend werden von Mike Yaconelli, einem amerikanischer Pastor und Schriftstel-
ler, folgende wahren und sarkastischen Worte überliefert:
„Kleinliche Leute sind hässliche Leute. Leute, die den Blick auf das Ziel verloren haben.
Leute, die vom Wesentlichen zum Unwesentlichen übergegangen sind. Kleinliche Leute
sind gefährliche Leute, weil sie scheinbar nur lästig sind, während sie in Wirklichkeit eine
Gefahr für die Gesundheit darstellen!"

Kleinlichkeit macht **krank**.
    Sie verengt meinen Handlungsspielraum und verschließt meine Herz.
Kleinlichkeit macht **unbarmherzig**.
    Ihr fehlt es an Erbarmen und an Rücksicht.
Kleinlichkeit macht **zornig**.
    Sie ruft Zorn herbei, beim kleinlichen Menschen selbst
    und auch bei den Menschen, die Kleinlichkeit erleben.
Kleinlichkeit macht **empfindlich**.
    Ihr mangelt es an Großzügigkeit und Verständnis.
Kleinlichkeit macht **knausrig**.
    Sie verschließt mein Herz und verschließt meine Hände.

Du wirst engherzig, wenn du kleinlich denkst. Und du verlierst dadurch
dein Ansehen,
    dein Mitgefühl,
        deine Freunde.

LANG:FINGER

Ich bin ein Dieb – glaube ich. Ab und an.
Ich hätte das von mir nicht gedacht ... aber es stimmt.
Meine Raub-Züge betreffen keine Besitztümer. Es läuft bei mir subtiler ab.
Und ich vermute, dass das nicht nur bei mir so ist ...

Nicht nur einmal habe ich Menschen den Nerv geraubt,
                    den Willen geraubt,
                       die Zeit geraubt,
                           die Möglichkeiten geraubt.

Manchmal hab ich ihnen auch den Mut geraubt,
                 die Hoffnung geraubt,
               den Ruf geraubt,
                   das Selbstvertrauen geraubt,
                 den Frieden geraubt.

Das passiert immer dann, wenn ich vorenthalte,
                verwehre,
                  blockiere,
                    verschwende,
                      angebe,
                        übergehe,
                         zwinge.

Eigentlich will ich das nicht, denn das zerstört
   – meine Beziehungen, meine Glaubwürdigkeit, meine Selbstachtung.

Wenn ich's merke, tut es mir unendlich leid
   – und unendlich gut, wenn ich mich entschuldige.

Und eins noch:
Gar nicht schlimm finde ich, wenn ich anderen
den Atem raube ... durch überraschende Geschenke,
den Verstand raube ... durch übersprudelnde Begeisterung,
den Schlaf raube ... durch gemeinsames Feiern.

MÜHE:VOLL

Helft einander, eure Lasten zu tragen!
Die Bibel in Galater 6,2 (NGÜ)

Jeder hat sein Päckchen zu tragen, so sagen wir.
Stimmt: Kein Mensch kommt unbelastet durchs Leben.

Wir tragen unausweichliche Probleme,
   schleppen vergangene Verletzungen,
      erleiden unerwartete Krankheiten.
Wir halten schwierige Menschen aus,
   stehen tragische Erlebnisse durch,
      halten lange Wartezeiten aus,
         nehmen unveränderliche Situationen hin.

Von Napoleon habe ich gehört, dass er einem Lastenträger auf der Straße mit den
Worten Platz gemacht hätte: *„Respekt vor der Last."*

Typisch: Wir sehen Menschen Lasten tragen und sind berührt,
                            sind beeindruckt,
                            sind beschämt.

Wir zollen Respekt – aber weichen aus.
   Wir hören Klagen – aber reagieren nicht.
      Wir sehen Not – aber helfen nicht.
         Wir spüren Verzweiflung – aber trösten nicht.

Respekt vor der Last hilft wenig – anpacken wohl.
   Hören von Klagen hilft nicht – zuhören wohl.
      Sehen von Not hilft selten – lindern wohl.
         Spüren von Verzweiflung hilft keinem – trösten wohl.

Und eins ist sicher: Eine geteilte Last trägt sich leichter.
Denk dran, wenn du selbst Lasten trägst.
Vergiss das aber auch dann nicht, wenn du Belasteten begegnest.

Der Gründer der Bethelschen Anstalten in Bielefeld, Friedrich von Bodelschwingh
(1831–1910), setzt sogar nochmal eins drauf:
Drückt dich eine Last, nimm eine fremde hinzu;
an beiden wirst du leichter tragen als an einer allein.

NEIN:SAGEN

Lehre mich ein Nein zu sagen, das nach Ja schmeckt.

Bischof Dom Helder Camara

In jeder Entscheidung liegt ein gewisser Schmerz:
Wenn wir zu einer Sache JA sagen, meint das immer ein NEIN zu etwas anderem.

In jeder Aussage liegt eine gewisse Unberechenbarkeit:
Überraschenderweise kann auch ein NEIN Türen öffnen,
und JA-Sagen kann sie verschließen.

In jeder Antwort liegt eine gewisse Uneindeutigkeit:
JA ist nicht immer positiv, NEIN nicht unweigerlich negativ.

Durch Tief-Denken wissen wir, dass JA und Nein immer definieren,
was uns wichtig ist,
wozu wir uns berufen wissen und
wofür wir unsere Zeit investieren möchten.

JA und NEIN sind Hinweise darauf, wo unsere Schwerpunkte liegen.

Jetzt mal ehrlich:
Das JA liegt uns mehr, oder?
Es plappert positiver,
es antwortet angenehmer,
es nickt netter.

Jedes NEIN löst doch immer Schuldgefühle aus, oder?
Es nuschelt negativer,
es klingt kantiger,
es tönt taktlos.

Hier müssen wir dringend umdenken:
Ein NEIN ist in Wirklichkeit ein JA! Und ein JA ist immer auch ein NEIN!
Indem wir NEIN sagen, sagen wir JA zu den Dingen, die uns wirklich wichtig sind.
Indem wir JA sagen, sagen wir NEIN zu den Dingen, die uns am Wachsen hindern.

JA und NEIN sind also positive Antworten.

OBER:FLÄCHE

Die Natur existiert nicht an der Oberfläche, sie geht in die Tiefe.
Paul Cézanne (1839-1906)

Vor einiger Zeit las ich in einem Buch die Geschichte des Weltumseglers Michael Plant.
Im Herbst 1992 plante er eine Ein-Mann-Nordatlantiküberquerung nach Frankreich.
Seine Segeljacht war die neueste Schiffskonstruktion der damaligen Zeit.
Elf Tage war er unterwegs gewesen, dann brach unerwartet der Funkkontakt ab. Nach
langen Suchaktionen wurde seine Segeljacht kieloben treibend gesichtet.
Von Plant keine Spur. Der Grund des Kentern: Das dreieinhalb Tonnen schwere Schwert,
das unterhalb der Wasserlinie am Kiel des Schiffsbodens befestigt ist, war abgebrochen.

So ist das auch im Leben und in unseren Beziehungen:
Nicht das ist am „gewichtigsten", was zu sehen ist, sondern was unter der Oberfläche
unseres Lebens liegt. Meist nehmen wir das erst dann zur Kenntnis, wenn wir von Stürmen des Lebens gebeutelt werden. Wir wissen: Unser Innerstes muss gesund sein, als
Gegen- und Tiefen-Gewicht in den Stürmen des Lebens.

Die Oberfläche, die sichtbaren Dinge – das sind z. B. folgende Dinge:
Offensichtlicher Erfolg – oder deutlicher Misserfolg,
    sichtbarer Mut – oder merkbare Angst,
        ein Leben ohne Tragik – oder ein Leben mit Störungen,
            augenfälliger Reichtum – oder erkennbare Armut.
All das ist nicht entscheidend – und längst nicht das Wichtigste.

Das bedeutet:
Wir müssen uns mehr um unser Innerstes kümmern
    – als um die sichtbaren Dinge.
Wir sollten andere Menschen nicht oberflächlich beurteilen
    – ihr Herz ist entscheidend.
Wir dürfen Situationen nicht zu schnell einordnen
    – sondern müssen lernen darunterzusehen.

Tiefer sehen,
    tiefer denken,
        tiefer hören –
das ist das große Projekt unseres Lebens.

PFÜTZEN-TAUCHER

Große Prahler, schlechte Zahler.
Alte Weisheit

Das Wort war mir neu, die Bedeutung aber schnell klar.
Es bezeichnet Angeber ohne Beweiskraft,
                Hochstapler ohne Tiefgang,
            Prahler ohne Substanz,
                  Besserwisser ohne Fachwissen,
                     Blender ohne Glanz.
Wie erkennt man Prahler?
Für sie gibt es kein Wir – nur ein Ich.
    Bei ihnen gibt es keine Fehler – nur bei den anderen.
        Es gibt kein Nicht-Wissen – stattdessen ständig Mit-Reden.
Und doch spürst du, wenn du mit Pfützen-Tauchern zusammen bist:
Es sind Menschen, *„die glänzen wollen, obwohl sie keinen Schimmer haben"*
(Heinz Erhardt).

Warum aber tut man das, warum prahlt man?
Drei Antwortversuche:
1. Wer prahlt, hat es wohl nötig. Eigene Defizite und ein angeknacktes Selbstwertgefühl verleiten schnell zur oberflächlichen Angeberei.
2. Wer prahlt, kämpft gegen den Bedeutungszwang unserer Gesellschaft. Bekanntheits- und Reichtumswahn führen aber garantiert in die Irre.
3. Wer prahlt, will sich nicht blamieren. Wer nicht redet und unterhält, hat scheinbar in Zusammenkünften keine Bedeutung. Wenn Gesprächspartner prahlerisch „vorlegen", ziehen andere einfach nach. Ein „Wettprahlen" entsteht.

Ich habe mir fest vorgenommen: Da mach ich nicht mehr mit!
Ich muss doch niemandem etwas beweisen – mir selbst nicht,
                            meinen Mit-Menschen nicht,
                        Gott nicht.
Ich will schweigen lernen. Denn:
Ein weiser Mann schweigt, bis er seine Zeit gekommen sieht;
aber ein Prahler und Narr achtet nicht auf die rechte Zeit.
Die Bibel in Sirach 20,7 (LUT)

....

....

QUANTEN:SPRUNG

Auch die größten Sprünge beginnen mit kleinen Schritten.
Unbekannt

Das Wort „Quantensprung" ist in den vergangenen Jahren zum Modewort geworden in Politik, Esoterik und Journalismus.

Keine Ahnung, was ein Quantensprung in der Physik wirklich bedeutet …, verstanden habe ich, dass er von Nicht-Wissenschaftlern wie mir benützt wird, um außergewöhnliche Veränderungen oder herausragende Verbesserungen zu beschreiben.

Da fällt mir ein:
Für mich wäre es die außergewöhnlichste Verbesserung, der größte Quanten-Sprung, wenn ich endlich frei wäre vom Ansehen und den Erwartungen anderer Menschen,
von ihrer Meinung und ihrem Urteil,
von ihrem Lob und ihrer Kritik.
So frei wäre ich gerne.

Die Realität sieht allerdings anders aus.
Immer noch bin ich abhängig vom Denken der Mehrheit,
den Erwartungen der Gesellschaft,
den Impulsen der Menge,
dem „Gefällt mir" der Masse.
So frei bin ich gar nicht!
Denn wenn ich davon frei wäre, …
… würde ich mich weniger stressen,
… würde ich öfters mal Nein sagen,
… würde ich manche Anfrage nicht annehmen,
… würde ich manche Fragen nicht beantworten,
… wäre ich aufrichtiger,
… würde ich zu dem stehen, was ich denke und glaube,
… wäre ich ab und zu mal unvernünftig.

Noch bin ich nicht fertig damit.
Aber ich bin am Üben!

Frage an dich:
Wenn du frei wärst, was würdest du tun oder nicht mehr tun?

....

RECHT:FERTIGEN

Um eine unedle Handlung zu rechtfertigen,
ruft man gern edle Beweggründe zu Hilfe.
Emanuel Wertheimer (1846–1916)

„Es war einmal ...“ – so fangen alle Märchen an.
„Aber ich ...“ – so fangen alle Rechtfertigungen an.
Ein paar Beispiel gefällig?
„Aber ich konnte nicht anders ...“
     „Aber ich musste ja ...“
          „Aber ich wollte doch nur ...“

Rechtfertigungen sind Abwehrmechanismen – sie wehren Schuldzuweisungen ab.
Rechtfertigungen sind Schiebemechanismen – sie schieben Verantwortung von sich.
Rechtfertigungen sind Absagemechanismen – sie sagen inneren Konflikten ab.
Rechtfertigungen sind Schutzmechanismen – sie schützen meinen guten Ruf.

Rechtfertigungen „fertigen“ unser „Recht“,
          sollen den Mit-Menschen von unserem Recht-Haben überzeugen,
               lenken von unseren eigenen Fehlern ab
                    und blasen zum Gegenangriff.
Aha.
In allem Rechtfertigen geht es also nur um mich und meinen inneren Frieden.
Würde ich beginnen, vom anderen her zu denken,
               meine Ängste zu identifizieren,
                    mein Un-Recht in Betracht zu ziehen,
wäre das wohl der Anfang der Klärung.

Fest steht: Besser als ein „Aber ich ...“ ist ein „Tut mir leid“.
Entschuldigen räumt Fehler ein,
               bedauert Konsequenzen,
                    sieht über mich hinaus.

Rechtfertigen verschiebt Verantwortung, Entschuldigen übernimmt Selbstverantwortung.
     Rechtfertigen bestätigt Stillstand, Entschuldigen begünstigt Wachstum.
          Rechtfertigen macht klein, Entschuldigen zeigt wahre Größe.

Warum also sollten wir unser Recht weiter selbst fertigen?

STELL:VERTRETEN

Du für mich – und ich für dich.
Unbekannt

Glücklich ist, wer Stellvertreter hat.
Glücklich ist, wer Menschen hat, die für einen einspringen,
                                die einem aushelfen,
                                die einem dienen.
Das ist der Stellen-Wert jeder Freundschaft.
Denn niemand kann immer Kraft haben,
                         immer Hoffnung haben,
                    immer Zeit haben,
                      immer Ideen haben,
                         immer Glauben haben.
Wir alle brauchen es, dass uns gesagt und gezeigt wird:
Wenn du nicht mehr hoffen kannst – dann hoffe ich eben für dich.
     Wenn du nicht mehr denken kannst – dann denke ich eben für dich.
        Wenn du nichts mehr tun kannst – dann tu ich's eben für dich.
          Wenn du nicht mehr glauben kannst – dann glaube ich eben für dich.

Die Welt sehnt sich nach diesen Worten.
Eines muss ich noch erwähnen – ich kann nicht anders ... Die meiner Meinung nach vorbildlichste und weltbewegendste Stellvertretung wird in der Bibel formuliert.

Der Gelehrte Paulus schildert sein Ideal der Stellvertretung so:
Die Liebe, die Christus uns erwiesen hat, bestimmt mein ganzes Handeln. Ich halte mir stets vor Augen: Einer ist für alle in den Tod gegangen.
Die Bibel in 2. Korinther 5,14 (GNB)

Das ist der Kern des christlichen Glaubens.
Einer für alle – aus Liebe.
Was für eine geniale Beschreibung von Stellvertretung!

....

....

....

....

TANK:STELLE

Alles Leere sucht sich zu füllen, nur bei der Krone der Schöpfung findet eine Ausnahme statt. Je leerer der Kopf eines Menschen ist, umso weniger Bedürfnis verspürt er, sich zu füllen.

Fjodor Michailowitsch Dostojewskij (1821–1881)

Vielen Menschen fällt es extrem schwer abzuschalten und aufzutanken,
loszulassen und anzunehmen,
durchzuatmen und auszuruhen.
Ein weit verbreitetes Problem.

Wenn uns die Kraft flöten geht,
die Angst an die Kehle geht,
die Gedanken im Kreis wirbeln,
dann müsste eigentlich unsere Tankuhr Alarm schlagen.

Mal brauchen wir eine Handvoll Schlaf,
ein anderes Mal eher Bewegung.
Mal brauchen wir seelische Entspannung,
ein anderes Mal Zeit mit Freunden.

Es gibt so viele hilfreiche Tank-Stellen:
Essen und Trinken,
Musik und Bücher,
Hobbies und Ehrenamt,
Schöpfung und Frischluft,
Stille und Gebet,
Filme und Vorträge,
Austausch und Mitteilung,
Wahrnehmung und Achtsamkeit.

Je nach Menschen-Typ und Lebens-Phase können die benötigten Tank-Füllungen variieren und einzigartig sein – die Menge und die Art.

Persönliche Fragen:
Was und wo sind deine Tankstellen? Womit füllst du dich?

....

....

UNTER:SCHÄTZT

Alles Fertige, Vollkommene wird angestaunt, alles Werdende unterschätzt.
Friedrich Wilhelm Nietzsche (1844–1900)

Im Bericht eines Studierenden habe ich gelesen:
Nach einem Besuch im Yellowstone-Nationalpark kehrte er zurück in sein Zuhause. Die
erste Frage seiner Mitstudenten war: *„Hast du auch einen Grizzly gesehen?"*
1 300 Meilen auf der Straße, fünf neue Vogelarten entdeckt, vier Nächte bei Schneefall im
Zelt geschlafen, drei atemberaubende Felswände erklommen, eine Lagerfeuersession mit
einer New Yorker Rockband genossen … und die einzige Frage war: *„Einen Bär gesehen?"*
Verständliches Unverständnis.
Denn der Yellowstone-Park hat mehr zu bieten als Bären!

Er beinhaltet die weltweit größte Ansammlung von Geysiren,
>> wird bewohnt von den einzigartigen grauen Wölfen,
>> beheimatet die größte Herde Wapitihirsche weltweit,
>> und besitzt den größten See in Nordamerika.

„Einen Bär gesehen?" – Häh?

Und jetzt die Kurve ins Leben:
Unser Leben lässt sich nicht reduzieren auf eine *„Bär-Frage".*
Es wird stark unterschätzt,
>> ist allemal mehr als das, was andere interessiert,
>> ist vollumfänglich das, was wir erlebt haben.

Es ist mehr als Glück oder Nicht-Glück,
>> Geld oder Nicht-Geld,
>> bestanden oder nicht-bestanden,
>> gewonnen oder nicht-gewonnen,
>> gut oder nicht-gut.

Hinter allem Erlebten steckt viel mehr.

Du hast nur eine Aufgabe:
Antworte geduldig, aber lass nicht zu, dass dein (Er)Leben unterschätzt wird!

....

....

VIER:ECKIG

„Wer mit den Brüdern zusammenwohnt, der darf nicht viereckig sein, sondern muss rund sein, damit er sich allen zuwenden kann."
Altvater Matoe, einer der Wüstenväter

Jeder Mensch hat so seine Ecken und Kanten.
Du merkst es, wenn du aneckst, sobald du in ihre Nähe kommst.
Oft pflegen sie ihre Ecken und Kanten so lange, bis sie unerreichbar werden.

Und wir selbst? Wie können wir erreichbar bleiben trotz unserer Ecken?
Ich glaube, dass wir als Menschen, die jeden Tag Begegnungen haben, eine „Abrundungsstrategie" brauchen, um nicht verletzend und einsam zu werden.

Ob Einfühlungsvermögen helfen könnte?
    Oder Verständnis?
        Oder Zurückhaltung?
            Oder Respekt?
                Oder Gemeinsamkeiten?
                    Oder Interesse?
                        Oder Liebe?
Ich glaube: All das glättet die Kanten.

Ob momentan achteckig, sechseckig oder viereckig ...,
das Ziel ist nicht, immer aalglatt zu sein,
                    immer geschmeidig zu reagieren,
                        immer alles rund zu wirken.

Das Ziel ist es, offen zu sein für die Mit-Menschen,
                niemanden auszugrenzen,
                    sich anderen zuzuwenden.

Egal, wem du begegnest ..., glätte deine Kanten.
Aber achte darauf, dich selbst nicht zu verlieren und langweilig zu werden.
So wird dein Leben eine runde Sache.

....

....

....

WACHSEN:LASSEN

Man muss den Dingen
die eigene, stille ungestörte Entwicklung lassen,
die tief von innen kommt
und durch nichts gedrängt oder beschleunigt werden kann.
Rainer Maria Rilke

Die Schöpfung spricht Bände über Wachstum.
Pflanzen wachsen – ohne Mühe.
   Bäume bringen Frucht – ohne Anstrengung.
      Aus Raupen werden Schmetterlinge – ganz absichtslos.

Veränderungen in der Natur laufen organisch ab. Wachstum geschieht.

Ich kann es nicht machen ... aber durch voreiliges Wachstumsstreben viel kaputtmachen.
Der Zeitfaktor ist entscheidend.
Wer Wachstumszeit – in welchem Lebensbereich auch immer – verkürzen will, zerstört.

Der Dichter Eugen Roth hat das in ein Gedicht gefasst:
   Ein Mensch pflegt seines Zimmers Zierde,
   ein Rosenstöckchen, mit Begierde.
   Gießt's täglich, ohne zu ermatten,
   stellt's bald ins Licht, bald in den Schatten,
   erfrischt ihm unentwegt die Erde,
   vermischt mit nassem Obst der Pferde,
   beschneidet sorgsam jeden Trieb –
   doch schon ist hin, was ihm so lieb.
   Leicht ist hier die Moral zu fassen:
   Man muss die Dinge wachsen lassen!

Wir können Wachstum nicht machen – wir können es nur beobachten.
Und nun kommt's ... das gilt auch für das Wachstum von Beziehungen: Auch das kann
nicht erzwungen werden.
Dietrich Bonhoeffer fasst das eindrücklich zusammen:
Jedes Werden in der Natur, im Menschen, in der Liebe muss abwarten, geduldig sein, bis
seine Zeit zum Blühen kommt.

Deshalb: Gib deinen Beziehungen Zeit und Raum, Wachstums-Zeit und Frei-Raum.

ZU:FRIEDEN

Zufriedenheit ist der Stein der Weisen.
Zufriedenheit wandelt in Gold, was immer sie berührt.
Benjamin Franklin (1706-1790)

Ein hoher Wert – und ein schöner dazu.
Zufriedene Menschen sind Lebenskünstler,
    sie beherrschen die Kunst der Dankbarkeit.

Zufriedene Menschen sind Lebensgönner,
    sie gönnen anderen mindestens das, was sie sich selbst auch gönnen.

Zufriedene Menschen sind Lebensbewahrer,
    sie bewahren sich selbst und andere vor Neid.

Zufriedene Menschen sind Lebensgenießer,
    sie genießen das Leben so, wie sie es bekommen.

Paulus, der große Gelehrte der Bibel, ist solch ein Mensch. Er schreibt:
Ich habe gelernt, in jeder Lage zurechtzukommen und nicht von äußeren Umständen
abhängig zu sein: Ich kann Not leiden, ich kann im Wohlstand leben; mit jeder Lage bin
ich vertraut. Ich kenne Sattsein und Hungern, ich kenne Mangel und Überfluss. Allem bin
ich gewachsen durch den, der mich stark macht.
Die Bibel in Philipper 4,11-13 (GNB)

Laut Paulus ist Zufriedenheit also, dem Leben in seinen unterschiedlichen
Gegebenheiten gewachsen zu sein.
Eine schöne Definition.

Eine weitere Definition wäre:
Zufriedenheit ist ohne Friedensschluß nicht zu denken.
Frieden schließen mit dem, was ich habe – und nicht habe.
    Frieden schließen mit dem, was ich kann – und nicht kann.
        Frieden schließen mit dem, was ich gewinne – und nicht gewinne.
            Frieden schließen mit dem, was ich erreiche – und nicht erreiche.
Ergo: Zufriedene Menschen schaffen es, Frieden mit ihren Gedanken zu schließen.

Womit solltest du heute gedanklich Frieden schließen?

....

FRAGE:SÄTZE

Fragen fordern unser Tief-Denken –
Antworten lediglich unser Breit-Wissen.

AUSEINANDER:SETZEN

Setze dich nicht mit den Menschen auseinander,
setze dich mit ihnen zusammen.
Unbekannt

Ich hab gelesen, woher das Wort „auseinandersetzen" kommt:
Früher gab es die Sitte, dass Ehepaare sich bei gesellschaftlichen Anlässen „auseinander-
setzten". Jeder saß bei anderen und konnte so neue Menschen kennenlernen, sich mit
ihnen unterhalten und Neues hören.
Wenn alles vorbei war, ging das Paar gemeinsam nach Hause und tauschte sich über das
Erlebte und Gehörte aus.

Auseinander-Setzen ist also gar nicht so negativ.

Auseinander-Setzen bewahrt vor eingeschränkter Sicht,
        schützt vor einengendem Klammern,
            verhilft zu beglückenden Begegnungen,
                verteidigt die persönliche Freiheit.

Aber:
Wer sich auseinandergesetzt hat, braucht das Zusammen-Kommen,
        das Gemeinsam-Reden,
           das Aneinander-Festhalten,
             das Beieinander-Bleiben.

Ohne das wird aus dem Auseinander-Setzen ein Auseinander-Leben.
Und das ist schlimm.

Wenn ihr also das nächste Mal gemeinsam zu anderen Menschen kommt,
setzt euch zuvor damit auseinander, damit ihr offen bleibt für andere.

BLICK:WECHSEL

Wie können Leute, die die Nase hoch tragen, von einem erwarten,
dass man etwas aus demselben Blickwinkel sieht wie sie?
Unbekannt

Was war nochmal 1492?
Ach ja, die Entdeckung Amerikas durch Christoph Kolumbus.
Das war sprichwörtlich eine Horizont-Erweiterung für die europäischen Herrscher.
Neues Land,
    neue Weite,
       neue Freiheit,
          neuer Stolz.

Doch wechseln wir den Blick auf die Ureinwohner Amerikas, sieht alles ganz anders aus.
Verlorener Lebensraum,
    verlorene Eigenständigkeit,
       verlorene Kultur,
          verlorene Würde.

Eine Jahreszahl, zwei Wahrheiten.
Der Blickwinkel macht's.

„Blickwinkel" ist meiner Meinung nach ein irreführender Begriff.
Denn nicht der Blick führt zum Denk-Wechsel,
    sondern das Denken steuert den Blick-Wechsel.

Es ist also eine Sache des Hirns und nicht der Augen.

Okay: Ich will mal nicht so kleinlich sein … wichtig ist nur:

Wir alle brauchen einen Blickwechsel vom Ich zum Du,
              vom Hier zum Dort,
                vom Offensichtlichen zum Verborgenen,
                  vom Blicken zum Denken.

Das wird unser Leben ändern – sichtbar.

....

....

CHRONO:LOGISCH

Was hilft es, bessere Zeiten zu wünschen und zu hoffen?
Ändert euch nur selbst, so ändern sich auch die Zeiten.
Benjamin Franklin (1706–1790)

Chronologisch gesehen ist Montag der erste Tag der Woche ... und was für einer!
Man warnt uns vor ihm. Montag sei der schlimmste Tag der Woche.
Das Wochenende ist vorbei, der Freitag liegt noch weit vor uns.
Kennt ihr das? Ihr kommt am Montag zur Arbeit und alle scheinen durchzudrehen.
Jeder versucht krampfhaft alle To-Dos der Woche an einem Tag abzuarbeiten.

Montag ist Großkampftag. Dienstags beruhigt sich alles ein wenig.
Menschen werden gelassener,
    Besprechungen werden unaufgeregter,
      Begegnungen werden entspannter.

Dann, am Mittwoch, ist die Woche schon so gut wie durch. Nur noch den Donnerstag
und Freitag durchhalten, dann beginnt das Leben, äh, das Wochenende.
Eine beängstigende (Chrono-)Logik!

Wir sind also ständig am Warten auf bessere Tage, eigentlich auf „bessere Zeiten".
Denk mal tiefer:
Im Warten auf bessere Zeiten verpassen wir die guten Stunden,
      verherrlichen wir die schlechten Momente,
        vergessen wir die Gestaltung neuer Zeiten.

Im Warten auf bessere Zeiten misstrauen wir unserem Einfluss auf die Gegenwart,
      missdeuten wir die Macht des Unvollkommenen,
        missachten wir die Schönheit des Moments.

Denk mal noch tiefer:
Wenn du in allen Zeiten das Beste von dir gibst,
    wenn du aus schlechten Zeiten Gutes ziehst,
      wenn du in jeder Zeit gegenwärtig bist,
        wenn du jeder Zeit ihr Recht gibst,
... dann musst du nie mehr „warten auf bessere Zeiten".

Der Bibel reichen vier Worte, das auszudrücken:
Alles hat seine Zeit. Prediger 3,1 (LUT)
Weise Worte.

DISTANZ:GEFÜHL

Der wichtigste Schritt auf dem Weg zu einer größeren
inneren Freiheit besteht darin, in einen Abstand zu den
Gefühlen zu kommen, die uns beherrschen wollen.
Michael Bordt SJ [37]

Wir brauchen sie immer wieder: die Distanz zu unseren Gefühlen.
Sie knechten uns sonst.
Fehlende Distanz zu Hassgefühlen führt zur Gewalt.
   Fehlende Distanz zu Überlegenheitsgefühlen führt zur Verachtung.
     Fehlende Distanz zu Minderwertigkeitsgefühlen führt zur Depression.
      Fehlende Distanz zu Sättigungsgefühlen führt zur Völlerei.
       Fehlende Distanz zu Angstgefühlen führt zur Flucht.

Sobald Gefühle uns vereinnahmen, schaden wir uns selbst, anderen und allen unseren
Beziehungen.
Manche starten Versuche, ihre Gefühle in den Griff zu bekommen:
Bad, Bücher, Besuche.
   Sport, Spaziergang, Sucht.
     Zerstreuung, Zögern, Zappeln.
Manchmal hilft das – vorübergehend.

Abstand gewinnen heißt aber nicht, die Gefühle zu verdrängen,
                 zu verschieben,
                    zu verneinen.

Distanz bekommen heißt, mit unseren Gefühlen vertraut zu werden,
                 sie tiefer zu verstehen,
                    sie bewusst zu identifizieren.

Nur was wir kennen, können wir kontrollieren.
   Nur was wir verstehen, überrascht uns nicht mehr.

Wer seine Gefühle und Stimmung versteht, kann gegen zerstörerische Impulse angehen.
   Wer ein Gespür für sein Innenleben hat, kann innerlich frei werden.

Und das ist gut für alle unsere Beziehungen.
Gott bewahre uns vor der Herrschaft unserer Gefühle und Stimmungen!

ERINNERUNGS:HILFE

Ach, wie oft vergeben wir bloß, weil wir vergessen haben,
anstatt zu vergessen, weil wir vergeben haben.
Deutsches Sprichwort

„Warum sprichst du ständig von meinen früher begangenen Fehlern?", sagt der Ehemann,
„ich dachte, du hättest sie vergeben und vergessen."
„Ich habe tatsächlich vergeben und vergessen", antwortet die Ehefrau, *„aber ich möchte*
sicher sein, dass du nicht vergisst, dass ich vergeben und vergessen habe."[38]

Im Vergeben sind wir manchmal gut … im Vergessen weniger.

Trotzdem gehören Vergeben und Vergessen irgendwie zusammen.
Aber wie?

Schottische Forscher haben in einer Studie herausgefunden, dass die Abläufe und die
Zusammenhänge einer Verletzung eher vergessen werden können, wenn die Tat ver-
geben wurde.
Eines ist also sicher:
Wer nicht vergeben hat, wird nicht vergessen können.
　　Das Verzeihen ist die Grundvoraussetzung fürs Vergessen!

Vergebung heißt: über sich gewinnen,
　　　　　　　　der Verletzung keine Macht geben,
　　　　　　　　den Prozess der Heilung starten,
　　　　　　　　auf Echo bewusst verzichten,
　　　　　　　　freundlich bleiben trotz Unfreundlichkeit,
　　　　　　　　unheilvolle Gedanken unterdrücken,
　　　　　　　　beleidigte Worte schlucken,
　　　　　　　　Böses mit Gutem vergelten.

Deshalb lobt Richard Rohr die Vergebung mit den Worten:
Ohne Vergebung kann sich nichts wirklich Neues ereignen. [...]
Das Verzeihen ist der Anfang, die Mitte und das Ende des Lebens. [39]

Wem solltest du dringend vergeben?

....

....

FRAGE:SÄTZE

Die Frage ist so gut, dass ich sie nicht durch meine Antwort verderben möchte.
Robert Koch (1843–1910)

Es existieren derart gute Fragen ...
Eine einzige Frage kann mehr Wahrheit enthalten,
     mehr Zündstoff entflammen,
       mehr Hinweise bringen als hundert Antworten.
Gute Fragen sind meist klüger als richtige Antworten.
 Tiefe Fragen erübrigen ausschweifende Antworten.
   Wesentliche Fragen sind vorläufigen Antworten weit überlegen.
Das Problem an den Fragen ist, dass sie viel zu schnell mutieren –
zu Urteilen,
 zu Vergleichen,
  zu Bewertungen,
   zu Ahnungen,
    zu Selbstdarstellung.

Fragen fordern unser Tief-Denken – Antworten lediglich unser Breit-Wissen.
Fragen fordern unsere Weit-Sicht – Antworten lediglich unser Mit-Denken.

Damit du eine Idee bekommst, was ich meine – hier ein paar Beispiel-Fragen:
Sind wir nicht eher Empfänger von Liebe als Erzeuger?
Ist die Saat, die in unserem Leben aufgegangen ist, nicht mehr Geschenk als Leistung?
Sind Empfänger und Geschenke ohne einen Geber zu denken?
Treibt uns nicht genau das zur Verzweiflung, was wir am liebsten selbst besäßen?
Flüchten wir nicht genau vor den Dingen, von denen wir ahnen, dass sie uns weiterbringen würden?
Sind nicht genau die Fähigkeiten, die wir gerne hätten, die schönen Eigenschaften an anderen?
Lässt uns nicht gerade das hoffen, was wir nicht verfügbar haben und wahrnehmen?

Rainer Maria Rilke hat wohl recht mit seiner Vermutung:
Wenn man die Fragen lebt,
lebt man vielleicht allmählich,
ohne es zu merken,
eines fremden Tages
in die Antworten hinein.

GLEICH:GEWICHT

Hüte sich vor Gleichgewicht, wer kann.
Mike Yaconelli

Bei vielen Menschen muss immer alles ausgeglichen sein,
$\qquad\qquad\qquad$ alles reibungslos verlaufen,
$\qquad\qquad\qquad$ alles ausgewogen wirken.

Jeder, der nicht ins Schema passt, fällt durchs Raster.
Jeder, der nicht geschmeidig handelt, wird ausgebügelt.

Das geht so nicht! Denn:
Jede Partnerschaft lebt von Ungleichgewicht,
$\quad$ jede Gesellschaft lebt von Unterschiedlichkeit,
$\qquad$ jede Gemeinschaft lebt von Gabenvielfalt,
$\qquad\quad$ jede Beziehung lebt von Ergänzung.

Zu viel Gleichgewicht ist schädlich.
Sobald wir alles glatt bügeln,
$\qquad\qquad$ matt streichen,
$\qquad\qquad\quad$ platt machen,
zerstören wir den Segen der Vielfalt.

Hüten wir uns also davor,
alles Negative durch etwas Positives zu überdecken,
$\quad$ immer nur ausgewogen zu leben,
$\qquad$ alle Dinge im Griff zu haben,
$\qquad\quad$ immer nur linientreu zu sein.

Nichts da mit Gleich-Gewicht!
Leidenschaft, Sehnsucht, Begeisterung, Hingabe und Engagement leben
von Unterschiedlichkeit,
$\quad$ von Spontanität,
$\qquad$ von Unvernunft,
$\qquad\quad$ von Einmischung,
$\qquad\qquad$ von Ergänzung,
$\qquad\qquad\quad$ von Originalität.
Und:
„Über allem die Liebe!"
nach der Bibel in Kolosser 3,14

HASS:GEFÜHL

Dunkelheit kann Dunkelheit nicht austreiben: nur Licht kann das.
Hass kann Hass nicht austreiben: nur Liebe kann das.
Martin Luther King [40]

Hass ist ein Gefühl.
Wenn ich ihm Raum gebe, tue ich das, was gerade naheliegt:
einem anderen schaden,
    mich rächen,
        übergriffig werden.
Ich spüre, was in mir alles möglich ist.
Und das schadet letztendlich mir selbst. Denn: Sobald Hass mich bestimmt, schlägt das auf mein Gemüt. Ich spüre es körperlich, bin verletzt, werde schwach und krank.

Was tun?
Am 4. April 1968 wurde Martin Luther King ermordet. An diesem Tag wurde er das Opfer eines unbändigen Hasses. Er, der Hass mit Liebe und Gewalt mit Gewaltlosigkeit bekämpfen wollte, starb durch die gewaltvolle Hand eines hasserfüllten Mörders.
Seine Worte hallen wider:
„Wir werden niemals Frieden in der Welt haben, wenn die Menschen nicht überall aner-
kennen, dass gute Zwecke nicht durch böse Mittel erreicht werden."
Hass verschwindet nicht durch Hass,
    Krieg nicht durch Krieg,
        Gewalt nicht durch Gewalt.
Hass braucht ein Gegengewicht,
            ein Gegenmittel,
                eine Gegenstimme.
Sage nicht ich – das sagt der Pfarrer Martin Luther King, der seine Motivation durch Jesus nährte, der das vorbildlich gelebt hat:
„Liebt eure Feinde, tut Gutes denen, die euch hassen."
Die Bibel in Lukas 6,27 (LUT)

Wenn du dem folgst, steigst du aus dem Teufelskreis des Hasses aus.
Dunkelheit verliert nur gegen Licht,
    Böses nur gegen Gutes,
        Hass nur gegen Liebe.

Du bist am Zug.

ICH:SUCHT

Die Ich-Sucht vergeht sich nicht so sehr durch Taten, als durch Nicht-Verstehen.
Hugo von Hofmannsthal (1874-1929)

Ich-Sucht ist eine der hartnäckigsten Störungen zwischen Mensch und Mensch.

Ich-Sucht denkt immer nur an sich,
  redet zu viel von sich,
    will alles für sich selbst haben,
      verliert den Mit-Menschen aus dem Blick.

Ein Ich-Süchtiger ist vielleicht glücklich ... aber meist allein.
Kein Ich-Süchtiger realisiert, wie er wirkt ... im Gegensatz zu allen anderen.

Das Problem entsteht am Mittelpunkt-Verständnis.
Wenn ich selbst der Mittelpunkt bin, dreht sich alles um mich.
Also messe ich mich an anderen,
  also habe ich das letzte Wort,
    also höre ich nicht zu,
      also ist nicht wichtig, was andere denken,
        also geht es nur um mein Weiterkommen.

Andere Menschen sind nur dann okay, wenn sie nicht widersprechen,
      wenn sie mich bestätigen,
        wenn sie mich voranbringen.

Schon manche haben viel zu spät entdeckt:
Das Kreisen um den eigenen Mittelpunkt ist ein endloser Teufelskreis.
Denn die möglichen Reaktionen der Mit-Bewerber sind Missachtung und Verachtung,
      Aggression und Depression,
        Angriff und Rückzug.

Es hat mal einer behauptet:
Wer Ich-Sucht pflegt, zeigt damit, dass er sein Ich sucht.

Ich ergänze:
Wer sein Ich gefunden hat, muss nicht weiter suchen.
Er weiß, dass er nicht der Mittelpunkt der Welt ist.

JUNG:BRUNNEN

Edle Gedanken und gerechte Handlungen sind der einzige Jungbrunnen der Seele.
Max Haushofer (1840–1907)

Es gibt sie: die Sehnsucht nach ewiger Jugend.
Wir wissen, wenn wir kurz anhalten und tiefdenken, dass jede Lebensphase
ihre Aufgaben,
    ihre Schönheit,
        ihre Gefahren,
            ihre Abschiede,
                ihre Anfänge hat.
Hermann Hesse hat das in die einzigartigen Worte gefasst:
Wie jede Blüte welkt und jede Jugend
dem Alter weicht, blüht jede Lebensstufe,
blüht jede Weisheit auch und jede Tugend
zur ihrer Zeit und darf nicht ewig dauern.
Es muss das Herz bei jedem Lebensrufe
bereit zum Abschied sein und Neubeginne,
um sich in Tapferkeit und ohne Trauern
in andre neue Bindungen zu geben.

Was macht die Faszination des Älterwerdens aus? Was sind die Qualitäten des Alters?

Der Benediktinerabt Notker Wolf schrieb kurz vor seinem Ruhestand:
Auf der Liste, in der ich die Stärken und Vorzüge des Alters zusammengetragen
habe, stehen folgende sechzehn Posten: Anspruchslosigkeit, Humor, Gelassenheit,
Umkompliziertheit, Freiheit, Geduld, Weisheit, Autorität, Reichtum an Wissen
und Erfahrung, Güte, Großzügigkeit, Menschenfreundlichkeit, Souveränität,
Menschenkenntnis, Resolutheit, Unerschrockenheit. [41]
Mir fallen noch weitere ein: Ehrlichkeit, Maßhalten, Ausdauer, Dankbarkeit, Milde.

Genau wegen diesen Eigenschaften sind Älterwerdende mit einer lernenden Haltung
auch so erfolgreich:
im Frieden-Stiften,
    im Rat-Geben,
        im Zu-Hören,
            im Für-Bitten,
                im Tief-Denken.

Und du? Welche Eigenschaften möchtest du im Alter etablieren?

KLAGE:MAUER

Ihm klage ich meine Not, ihm sage ich, was mich quält.
König David in Psalm 142,3+4 (GNB)

Die Klagemauer ist eines der faszinierendsten Bauwerke dieser Welt.
Zwischen die Ritzen der Klagemauer werden jährlich mehrere zehntausend Gebetszettel
gesteckt. Auf den Zetteln stehen Wünsche, Klagen und Bitten an Gott.
Zwei Mal im Jahr werden sie mit besonderen Stöcken entfernt und auf dem Ölberg
begraben.

Im Jahr 2008 passierte es.
Barack Obama besuchte Israel und steckte einen Gebetszettel in die Klagemauer. Doch
das Papier blieb nicht lange dort. Ein Student entfernte das Gebet und spielte es einer
israelischen Zeitung zu. Ein Skandal – denn nach jüdischer Tradition sind die Gebete
ausschließlich für Gott bestimmt.

Schon mal übers Beten nachgedacht?
Ein paar Hinweise:
Wir denken immer, beten bedeute, Worte zu reden. Aber:
Das hebräische Wort für Gebet bedeutet soviel wie „wechselseitig miteinander Gemein-
schaft haben". Beten ist keine Einbahnstraße.
Beten heißt „eine Begegnung mit Gott haben" – in allen Facetten, die eine Begegnung
haben kann ... im Reden,

          im Hören,

            im Fragen,

              im Schweigen,

                im Erleben,

                  im Zweifeln,

                    im Klagen.

Und:
Das geht auch ohne Klagemauer.

Mein Gebet:

....

....

....

....

LEICHT:GÄNGIG

Nichts ist schwer, sind wir nur leicht.
Alte Weisheit

Manchmal bin ich zu schwer:

schwer-mütig,

schwer-reich,

schwer-fällig,

schwer-krank,

schwer-beladen,

schwer-hörig,

schwer-verständlich.

Wenn mein Leben leichter werden soll, muss ich abladen,

loslassen,

bereinigen,

auspacken,

aufhören,

öffnen.

Denn: *Wer glücklich reisen will, muss mit leichtem Gepäck reisen.*
Antoine de Saint-Exupéry (1900–1944)

Aber:
Achte darauf, dass du anderen das Leben durch deine Leichtigkeit nicht schwerer machst.
Andere haben Lasten zu tragen, von denen du nichts weißt.

haben Fragen, auf die du keine Antwort hast,

haben Probleme, die du nicht lösen kannst.

Trotzdem, so sagt der Schriftsteller Ulrich Schaffer in einem Gedankenspiel, hast du
„ein Recht auf Leichtigkeit":

In deiner Leichtigkeit entsteht etwas Himmel unter uns.
Du trägst das Leben auf der offenen Hand,
die Anstrengung wird weniger.
Wenn man genau hinsieht,
ist der dunkle Hintergrund deiner Leichtigkeit noch zu sehen.
Darum ist sie glaubbar. [42]

MACHT:HABER

Macht ausüben ist dem Menschen wesentlich.
Romano Guardini[43]

Macht-Haber – das sind wir. Ein Leben lang.
Schon als Kleinkinder plärren wir so lange, bis wir unseren Willen bekommen. Mit dem Älterwerden erweitern wir unser Repertoire an „Machtausübung"
mal offen,
    mal versteckt,
        mal gewaltsam,
            mal berechnend.

Schau dir dein Leben an:
Es geht in vielen privaten und geschäftlichen Gefügen doch nur darum, wer das Sagen hat. Wir stecken alle drin. Keiner von uns fällt dabei raus.

„Was macht die Versuchung der Macht so scheinbar unwiderstehlich?", fragt Henri Nouwen dazu. *„Vielleicht, dass Macht ein leichter Ersatz ist für die schwere Aufgabe der Liebe. Es scheint leichter zu sein, Gott zu spielen als Gott zu lieben; leichter, Menschen zu kontrollieren als Menschen zu lieben; leichter, Leben zu besitzen als Leben zu lieben."*[44]

Macht ist der „leichte Ersatz" für Liebe.
Macht ausüben ist leicht – Liebe üben dagegen schwer.

Da fällt mir ein:
Jesus hat mal in seiner ganz besonderen Art beschrieben, wie er sich das vorstellt:
Ihr wisst, dass die Völker die Macht der Großen zu spüren bekommen. Bei euch soll es nicht so sein. Im Gegenteil: Wer unter euch groß werden will, soll euch dienen.
Matthäus 20,25 (NGÜ)

Das Beste: Jesus hat das selbst gelebt.
Er zeigt eine Macht, die sich so vollkommen selbst beherrscht,
dass sie es schafft,
    auf sich zu verzichten,
        das Leben loszulassen,
            alle Menschen zu lieben.

Könnte das auch bei uns funktionieren?

NORMAL:FALL

Aus vielen Worten entspringt ebensoviel Gelegenheit zum Missverständnis.
William James (1842-1910)

Wir denken, alle Menschen müssten uns verstehen, wenn wir nur klar kommunizierten.
Wir denken, wir drückten uns deutlich aus und niemand würde uns missverstehen.
Falsch gedacht.

Prof. Dr. Ruedi Nützi, der preisgekrönte schweizer Dozent und Trainer für Führung und
Kommunikation, behauptet in einem seiner Bücher über Kommunikation:
*Der Normalfall ist das Missverständnis: Dass ein Empfänger die Botschaft des Absenders
versteht, ist nicht der Normalfall. Das Gegenteil ist der Fall. [...] Es gilt, in jeder Situation
eine Kommunikationsbrücke zum Empfänger zu bauen und so aus dem Missverständnis
Verständnis zu machen.* [45]

Das heißt:
Falsch verstanden zu werden ist normal.
Also muss ich mich erklärend ausdrücken,
    Wichtiges mehrfach wiederholen,
        das Verständnis des Gegenübers beobachten.

Das heißt zudem:
Andere falsch zu verstehen ist normal.

Also muss ich mich bemühen, die wahre Bedeutung zu erfragen,
                    keine vorschnellen Schlussfolgerungen zu ziehen,
                    Aussagen über andere mit Vorsicht zu genießen.

Ein bisschen Mühe kann man sich beim Kommunizieren schon machen, oder?
Es lohnt sich ... denn Verständnis ist schöner als Missverständnis,
                Eindeutigkeit ist schöner als Zweideutigkeit,
                Klarheit ist schöner als Verschwommenheit,
                Taktgefühl ist schöner als Schamgefühl.

Schluss-Tipp:
Gute Fragen sind der Schlüssel zum Verständnis!

....

....

OFFEN:SICHTLICH

Nicht was wir geben, sondern wie wir es geben, bestimmt den Wert der Gabe.
Nur wahre Nächstenliebe adelt die Wohltätigkeit.
Friedrich von Weech (1837-1905)

Auf der ganzen Welt stehen in jüdischen Synagogen die sogenannten Zedaka-Büchsen.
Zedaka steht für das jüdische Verständnis von Wohltätigkeit und ist im Judentum
eine der wichtigsten religiösen Pflichten, eine „Mitzwa" (hebr.). Wohltätig zu sein
heißt, Hilfe nicht nur in Form von Almosen zu leisten, sondern im Sinne einer aus-
gleichenden Rechtsordnung. [46]

Jeder gibt, soviel er kann – damit eine gerechte Verteilung des „Wohls" möglich wird.
Das ist der Sinn einer echten „Wohltat".

Allerdings gibt es durch die Jahrhunderte unter allen Menschen übereinstimmend ein
Problem mit der Wohltätigkeit ... und das hat Jesus Christus einmal schonungslos mit
den Worten aufgedeckt:
Nehmt euch in Acht!
Wenn ihr Gutes tut, dann tut es nicht öffentlich,
nur damit ihr bewundert werdet.
Matthäus 6,1 (NLB)

Bei einer Wohltat kommt es eben nicht darauf an,
    wie viel ich gebe und wer es sieht,
        sondern wie ich gebe und was mein Motiv ist.

Wohltätigkeit sucht viel zu oft die Bühne,
        das Selfie,
            die Anerkennung für sich selbst.

Liebe dagegen sucht die Hilfe,
        das Recht,
            die Erleichterung für den anderen.

Ja. Friedrich von Weech hat recht:
„Liebe adelt die Wohltätigkeit!"

....

....

PROBLEM:FALL

Man löst keine Probleme, indem man sie auf Eis legt.
Winston Churchill (1874 - 1965)

Jeden Tag gibt es Probleme, die es zu lösen gilt – in jeder Beziehung,
in jedem Job,
in jedem Alltag.
Egal, welche Probleme auftreten – sie haben eins gemeinsam: Sie müssen gelöst werden.
Die Qualität, in der wir das tun, ist Qualitätsfaktor unseres Lebens.

Vier hilfreiche Fragen auf dem Weg zur Lösung:
1. Wo liegt das Problem und wer hat es?
2. Wo liegt die Ursache des Problems?
3. Welche Möglichkeiten der Lösung gibt es?
4. Welche dieser Möglichkeiten kommt der Lösung am nächsten
   und wen brauchen wir dazu?

Denn: Um ein Problem zu lösen, ist immer die Frage zu stellen, welche Person die dafür
geeignetste ist.
Also: „wer" kommt vor „was"!
Heißt: Immer sind es Menschen, die Probleme lösen müssen und können.

Was du vor allem zur Lösung brauchst, ist eine gesunde Einstellung zu Problemen.
Der schweizer Mentaltrainer Andreas Ackermann betont in seinen Publikationen und
Vorträgen immer wieder, dass das Denken die Ursache für unsere negativen oder auch
positiven Gefühle ist. Als eine wirksame und einfache Technik zum Umdenken hat er
das Akronym „*Nipsild*®" entwickelt. Das ist die Abkürzung für „Nicht in Problemen,
sondern in Lösungen denken".

Dieser Problemlösungs-Denkansatz ist die Grundhaltung jedes Problemlösers.
Einer davon bist du!

Und wenn du dich der Sache nicht gewachsen fühlst, habe ich für dich einen Tipp aus
dem Beziehungsbuch, der Bibel:
Wenn es aber einem von euch an Weisheit fehlt, bitte er Gott darum.
Jakobus 1,5 (NGÜ)

Mir hat das schon oft geholfen und den Blick geweitet.

QUIZ:KANDIDAT

Ein Rätsel ist die Welt, ein Rätsel sind wir selbst,
ein Rätsel ist das Leben, ein Rätsel der Tod.
Helene von Druskowitz (1856-1918)

Kennt ihr das Lied von Hape Kerkeling, das er 1991 erstmals veröffentlichte?
Das ganze Leben ist ein Quiz – und wir sind nur die Kandidaten.
Das ganze Leben ist ein Quiz – ja, und wir raten, raten, raten.

Ein interessanter Gedanke:
Das Leben als Spiel ... als Rate-Spiel mit Gewinnern und Verlierern.
Wer die Rätsel löst, gewinnt. Wer keine Antworten hat, verliert.

Ja. Wir haben einige harte Nüsse zu knacken im Leben.
Viele Wegführungen bleibt im Dunkeln,
    viele Schicksale sind unerklärbar,
        viele Warum-Fragen sind nicht zu beantworten.

Da kannst du noch so viel raten ... die Fragen bleiben einsam stehen.
Karl Gustav von Berneck (1803–1871) hat eine Vermutung geäußert, warum uns so viele
Lebensfragen verborgen bleiben: *Wie vieles bleibt uns ein dunkles Rätsel im Leben, weil*
es seinen Ursprung nimmt in der unergründlichen Tiefe des Menschenherzens.

Vor allem für Beziehungen gilt das: Viele offene Fragen in unseren Beziehungen sind
unergründlich, weil unsere Mit-Menschen und wir selbst so wenig durchschaubar sind.

So viele Motive bleiben verborgen,
    so viele Reaktionen unerklärbar,
        so viele Worte unausgesprochen,
            so viele Aussagen unerklärt,
                so viele Gefühle unbeherrscht,
                    so viele Erklärungen bleiben wir schuldig.

Warum hast du das getan, warum unterlassen?
Warum hast du das gesagt, warum verschwiegen?
Warum bist du geblieben, warum geflüchtet?

Da hilft nicht „raten, raten, raten". Da hilft nur „lieben, lieben, lieben".
Denn: *Ein schweres Rätsel ist das Leben, allein die Liebe löst es auf.*
Rudolf von Gottschall (1823–1909)

RING:SAGE

Jeder Mensch hat seinen wunden Punkt und das erst macht ihn menschlich.
Oscar Wilde (1854-1900)

Obwohl im Nibelungenlied nur beiläufig ein Ring erwähnt wird, nennt Richard Wagner seine Oper über die Nibelungensage „Der Ring der Nibelungen". Zur Erinnerung: Siegfried, der tragische Held, besiegte den Wächter des großen Nibelungenschatzes, einen Drachen – und badete danach in dessen Blut. Das machte ihn unverwundbar – bis auf eine Stelle an seiner Schulter. Ein Lindenblatt war während des „Blutbades" auf der Schulter gelandet. Diese Schwachstelle war allerdings nur Hagen von Tronje bekannt, der ihn beobachtet hatte. Und der nützte diesen Schwachpunkt später gnadenlos aus.

Und nun der Link in unser Leben ...
Obwohl wir uns oft unverwundbar geben, haben wir wunde Punkte.
   Obwohl wir uns oft robust geben, haben wir empfindliche Stellen.
      Obwohl wir uns oft stark geben, haben wir schwache Seiten.

Ich bin der Überzeugung:
Das Gelingen unserer Beziehungen entscheidet sich daran, wie wir mit den „Lindenblättern" unserer Mit-Menschen umgehen.
Ob wir auf sie zielen ... oder sie schützen,
   ob wir sie entblößen ... oder sie bedecken,
      ob wir sie berühren ... oder sie schonen.
Tun wir ersteres, kränken wir ... tun wir das zweite, heilen wir.

Beziehungen kranken an treffsicheren Vorwürfen
         – und gesunden am gegenseitigen Schutz.
Beziehungen kranken an verletzenden Andeutungen
         – und gesunden an gegenseitiger Schonung.
Beziehungen kranken am gezielten Bloßstellen
         – und gesunden an gegenseitiger Bewahrung.

Wunde Punkte sind dazu da, geschützt zu werden.
Nur so haben sie Zeit, heil zu werden.
Und dann tritt vielleicht ein, was ein weiser Mensch mit den Worten vorhersagt:
Die Steigerung von „wund"? Wunder.

....

....

SCHMERZ:HAFT

Stark ist die Liebe, die die Feuertaufe des Schmerzes empfangen hat.
Selma Ottilia Lovisa Lagerlöf (1858–1940)

Liebe, Schmerz und Glück sind nicht zu trennen.

Krister Stendahl, ehemaliger lutherischer Bischof von Stockholm, beschreibt diesen
Zusammenhang in einem seiner Bücher mit folgender Geschichte:

> *Rabbi Tannenbaum lehrte mich vor vielen Jahren die wundervolle Geschichte von*
> *dem Schüler, der zu seinem verehrten Rabbi lief und sagte: „Rabbi, ich liebe dich."*
> *Und der alte Mann blickte den Jungen an und sagte: „Weißt du, was mir weh tut?"*
> *Der junge Mann sagte: „Nein."*
> *Darauf der Rabbi: „Wenn du nicht weißt, was mir weh tut, wie kannst du sagen, dass*
> *du mich liebst?"*

Er sagt dann noch dazu:

> *Jetzt [...] möchte ich die Geschichte noch einmal erzählen und auch fragen: „Weißt du,*
> *was mich glücklich macht?"*[47]

So ist das in der Liebe:
Wer einen Menschen liebt, vermeidet, was den anderen schmerzt,
       und intensiviert, was den anderen glücklich macht.

Wahre Liebe fördert immer, was gut tut,
       und verachtet, was weh tut.

Wer geliebt ist, weiß sich in seinen Schmerzen wahrgenommen,
       und in seinem Glück nicht alleingelassen.

Wer liebt, kann nicht hinwegsehen über die Schmerzen und die Freude,
       das Leiden und das Glück,
       die Verletzung und die Heilung.

Vielleicht ist das ja eine bisher unentdeckte Beschreibung von Liebe:
Wissen, was dem Nächsten weh tut ... und was ihn glücklich macht.

....

....

....

TEIL:WEISE

Bisweilen sind wir unwilliger, wenn unsere Erwartungen teilweise,
als wenn sie gar nicht erfüllt werden.
Otto Weiss (1849-1915)

Es ist längst nicht alles perfekt, vollkommen in unserem Leben.
Doch: wir verlangen das – von wem auch immer.
Wir erwarten, dass ...
                    ... die Arbeit Spaß macht,
                        unsere Beziehungen perfekt sind,
                            die Erziehung der Kinder gut läuft,
                                alle Pläne gelingen,
                                    es uns immer gut geht!

Nicht selten fordern wir unser Recht ein nach einem schönen, guten, perfekten Leben.
Meistens bei Gott.

So ist Leben nicht!
Jemand hat mal formuliert: *Vieles gelingt nicht ganz, nur teilweise.*

Wir sind meistens nur teilweise gute Mütter und Väter,
                    nur teilweise gute Ehemänner und Ehefrauen,
                        nur teilweise gute Freunde und Begleiter.

Wir sind nur teilweise ohne Verbitterung, nur teilweise glücklich,
                nur teilweise ohne Schuld, nur teilweise unbeschwert,
                    nur teilweise ohne Selbstzweifel, nur teilweise selbstbewusst.

Unser Leben bleibt immer irgendwie begrenzt,
                            unvollkommen,
                        endlich,
                            unvollständig.

Wir sind noch nicht im Himmel. Keiner von uns.

Alle miteinander sollten wir die perfekten Zeiten feiern
        und die unvollkommenen Momente annehmen.

Alle miteinander sollten wir aus allem das Beste machen.
Mehr geht nicht – weniger schon.

UN:AUSGESPROCHENES

Wahre Achtung kann man nur verdienen;
sie läßt sich nicht erschleichen, nicht erpressen.
Georg Christoph Lichtenberg (1742-1799)

Kennst du das?
Das sagt jemand etwas Nettes, du aber hast das Gefühl, er meine das gar nicht so.
Das wirklich Wahre schwebt irgendwo zwischen „Das hab ich doch gar nicht gesagt"
und „Das meine ich aber so".

Zwei unterschiedliche Botschaften lassen dich im Ungewissen:

Die Worte sagen „Ja" – die Mimik sagt „Nein".
    Die Worte sagen „Komm her" – die Gestik sagt „Bleib fort".
        Die Worte sagen „Alles gut" – der Tonfall sagt „Nichts ist gut".

Du fühlst die Diskrepanz, aber die Wahrheit bleibt unausgesprochen.

Die Psychologie nennt diese doppeldeutigen Aussagen in Beziehungen „Double Bind".
Im Tiefsten ist dieses System emotionale Erpressung und spürbare Lüge.

Die Aussagen lösen Schuldgefühle aus,
                verursachen Unsicherheit,
                  verlagern die Verantwortung.
Du kannst eigentlich nur falsch reagieren.

Die einzige Möglichkeit, die dir bleibt ist, beide Botschaften anzunehmen und anzusprechen:
Das Ausgesprochene annehmen – und das Unausgesprochene ansprechen.
    Das Eindeutige verfügbar machen – und das Doppeldeutige greifbar machen.
Nur so geht's.

Und du selbst?
Klar: du solltest Wahrheit sagen und Klarheit leben.
Die Bibel empfiehlt diese kompromisslose Eindeutigkeit seit Jahrtausenden:
Euer Ja soll ein Ja sein und euer Nein ein Nein.
Jakobus 5,12 (NGÜ)

....

....

VER:BIEGEN

Die Liebe erträgt alles.
Die Bibel in 1. Korinther 13,7 (LUT)

Jeder Mensch ist anders, vom Wesen her,
                    vom Herzen her,
                    vom Denken her,
                        von der Geschichte her.

Wenn ich einen Menschen achte und liebe, dann will und bestätige ich sein So-Sein.
Er hat ein Recht darauf, anders zu sein, er selbst zu sein.
Nehme ich ihm dieses Recht, verbiege ich ihn,
                    störe ich seine Individualität,
                    zerstöre ich sein Wesen,
                        nehme ich ihm seine Unverwechselbarkeit.

Am deutlichsten nehme ich ihm dieses Recht, indem ich ihn zu ändern versuche.

Sobald ich Freunde erziehen will,
                Partner verändern will,
                Vertraute verbiegen will,
beginnt der Absturz jeder Beziehung.

Dann nämlich habe ich nur deren Defizite im Blick,
                    deren Schwächen im Visier,
                        deren Andersartigkeit im Fokus.

Wenn ich dagegen Andere in ihrem So-Sein und Anders-Sein annehme, helfe ich ihnen,
mir selbst und unserer Beziehung zu wachsen.
So kann sich alles weiter-entwickeln,
                tiefer-entspannen,
                    größer-entfalten.

Andersartigkeit wartet darauf, getragen und ertragen zu werden – in Liebe.
Denn:
Nur die Liebe erträgt einen Menschen so, wie er wirklich ist. (Max Frisch)

....

....

WIEDER:SEHEN

Das Leben ist ein beständiges Abschied nehmen. Jeden
Abend nimmt man von einem Tage Abschied, oft mit einem
Seufzer der Erleichterung, aber oft auch mit Schmerz.
Ricarda Huch (1864–1947)

Abschied gehört untrennbar zu unserem Leben.
Nicht schön – aber wichtig, denn:
Wir brauchen einen Abschied für ein Wiedersehen.

Sogar die Natur bildet das ab:
Sie braucht den Abend für den Morgen,
    die Nacht für den Tag,
      den Winter für den Frühling,
        die Täler für die Berge.

Unser ganzes Leben bildet das ab:
Es braucht die Arbeit für die Ruhe,
    die Erschöpfung für die Regeneration,
      die Trennung für die Umarmung,
        das Loslassen für das Empfangen,
          den Verzicht für den Genuss,
            den Zweifel für den Glauben.

Viele leichte Momente haben ihren Ursprung in Schwierigkeiten.
  Viele tiefe Einsichten haben ihren Ursprung in Abgründen.
    Viele große Freiheiten haben ihren Ursprung in Gebundenheiten.

Unser Problem ist wohl:
Wir suhlen uns viel zu gern im Negativen und verpassen dadurch das Positive.
  Wir bleiben stecken im Schweren und verlieren an Leichtigkeit.

Die Lösung könnte sein:
      Vorweg-Nehmen,
       Vorwärts-Denken,
       Voran-Gehen,
        Voraus-Sehen,
         Vorher-Freuen.
Mit einem Wort: Hoffnung!
Unsere Hoffnung aber wird uns nicht enttäuschen. Die Bibel in Römer 5,5 (GNB)

ZURÜCK:ZIEHEN

*Es ist die Krankheit dieses Jahrhunderts, dass kein Mensch
eine halbe Stunde allein in einem Zimmer bleiben kann.*
Blaise Pascal

Das stimmt, sagt unsere Erfahrung.
Doch dieser Satz wird erst richtig eindrücklich, wenn ich dir sage, dass Blaise Pascal ihn
im 17. Jahrhundert notiert hat.
Du weißt: Die Krankheit ist heute noch dieselbe:
Viele Menschen ertragen keine abgeschiedene Ruhe,
               keine einsame Stille,
                    keine abseitige Geräuschlosigkeit.
Pascal analysiert dann noch:
Der Mensch, welcher nur sich selbst liebt,
                  fürchtet nichts so sehr,
                  als mit sich allein zu sein.
Er meint also:
Die Stille fürchten vor allem Menschen, die sich selbst leicht genügen,
                  die sich selbst schwer ertragen.
Interessanter Gedanke. Tiefdenkenswert.

Nur wer sich selbst loslassen kann,
      wer sich nichts beweisen muss,
        wer nichts zu verlieren hat,
kann zur Ruhe kommen.

Die Folge der inneren Ruhe:
Du überhörst das Leise nicht mehr,
    du übersiehst das Unauffällige nicht mehr,
        du übergehst das Kleine nicht mehr,
           du überbietest die Prahlerei nicht mehr,
               du überforderst das Schwache nicht mehr.
Stattdessen überblickst du dein Leben,
        überzeugst du deine Kritiker,
           überraschst du dich selbst,
               überstehst du schwere Zeiten,
                  überwindest du schlechte Gewohnheiten.
Du wirst mehr und mehr zum Tief-Denker.

Das alles passiert, wenn du zur Ruhe findest!

WAHR:HAFTIG

Der Frieden ist nicht durch
Tauschgeschäfte zu sichern!
Gemeinsames Leben basiert
nicht auf ausgleichender
Gerechtigkeit, sondern auf
liebevoller Hingabe.

END:NOTEN

1   Bleiben, Basilius Doppelfeld OSB, Vier-Türme-Verlag Münsterschwarzach, 1996, S. 7

2   Franz Kamphaus, Priester aus Passion, Herder Verlag Freiburg 1993, S. 39/244

3   Dietrich Bonhoeffer, Lesebuch, Chr. Kaiser Verlag 1987, S 153

4   Dietrich Bonhoeffer, Widerstand und Ergebung, Chr. Kaiser Verlag 1990, S. 200

5   Ignatius von Loyola, Geistliche Übungen, Herder Verlag, EB 23

6   Martin Schleske, Der Klang, Kösel Verlag München, 2010, S. 199

7   Dr. Carl Gustav Jung, Ein moderner Mythos: Von Dingen, die am Himmel gesehen werden, Rascher Verlag 1964

8   Dietrich Bonhoeffer, Gemeinsames Leben/Das Gebetbuch der Bibel, DBW Band 5, Seite 83

9   Dietrich Bonhoeffer: Widerstand und Ergebung, Chr. Kaiser Verlag, München, 1990

10   Peter Uffelmann, Tobias von der Recke, Das rechte Maß, Deutscher Taschenbuchverlag, München

11   Uwe Böschemeyer, Das Leben meint mich, Ellert & Richter Verlag 2001, 6.11.

12   Anthony de Mello, Geschichten, die guttun, Herder Verlag Freiburg 2001, S. 204

13   Abtprimas Notker Wolf, Altwerden beginnt im Kopf – Jungbleiben auch", Adeo Verlag 2015, S. 81/82

14   Michael Tomasello, Die Ursprünge der menschlichen Kommunikation, Suhrkamp 2009

15   Tomas Halik, Ich will, dass du bist, Herder Verlag Freiburg, S. 190/191

16   Max Frisch, Tagebuch 1946 - 1949, Suhrkamp Verlag Frankfurt/M. 1985

17   Dietrich Bonhoeffer, London 1933-1935, DBW Band 13, Seite 359f

18   Adolph von Knigge, Über den Umgang mit Menschen, Hahn 1817, S. 169/170

19   Jörg Ahlbrecht, Die große Kraft der kleinen Tode, SCM R. Brockhaus, Vorwort von Manfred Beutel

20   Aus: Psychologie heute 09/2008, Ingrid Strobl, S. 21

21   Parker J. Palmer, The Courage to Teach, Jossey-Bass San Francisco 2007, S. 113

22   Machen Sie es wie ich, lügen Sie! Anekdoten über Mark Twain, Eulenspiegel Verlag 2005, S. 6

23   Tomas Halik, Ich will, dass du bist, Herder Verlag Freiburg, S. 226

24   Erwin Raphael McManus, Soul Cravings, Nelson Books Nashville 2006

25   Piet van Breemen, Erfüllt von Gottes Licht, Echter Verlag, Würzburg, 205, S. 178

26   Piet van Breemen, Alt werden als geistlicher Weg, Echter Verlag, Würzburg, 2004, S. 63

27 Wörtlich: „*This Rule points us in a clear direction. Let us treat others with the same passion and compassion with which we want to be treated. Let us seek for others the same possibilities which we seek for ourselves. Let us help others to grow, as we would like to be helped ourselves. In a word, if we want security, let us give security; if we want life, let us give life; if we want opportunities, let us provide opportunities.*"

28 Mutter Teresa, Die wahre Liebe, Topos Verlagsgemeinschaft 2007, S.29

29 Aus: Readers Digest, Readers Digest Press New York, 1985. S. 484

30 Ernst Reinhardt, Gedankensprünge. Aphorismen, Friedrich Reinhardt Verlag Basel 2003

31 Dietrich Bonhoeffer, Quelle: Widerstand und Ergebung, DBW Band 8, Seite 158

32 Franz Kamphaus, Priester aus Passion, Herder Verlag Freiburg 1993, S. 114

33 Wörtlich: *People are often unreasonable, illogical and self-centered … forgive them anyway. If you are kind, people may accuse you of selfish, ulterior motives … be kind anyway. If you are successful, you will win some false friends and some true enemies … succeed anyway. If you are honest and sincere people may cheat you … be honest and sincere anyway. What you spend years building, someone could destroy overnight … build anyway. If you find serenity and happyness, some may be jealous … be happy anyway. The good you do today, people will often forget tomorrow… do good anyway. Give the world the best you have, and it will never be enough … give the world the best you've got anyway. You see, in the final analysis, it is between you and God … It was never between you and them anyway.*

34 Dietrich Bonhoeffer, Quelle: Schöpfung und Fall, DBW Band 3, Seite 514

35 http://eggetsberger-info.blogspot.de/2014/11/wie-lange-dauert-die-gegenwart-das.html (1. August 2017)

36 Franz Kamphaus, Priester aus Passion, Herder Verlag Freiburg 1993, S. 141

37 Michael Bordt SJ, Die Kunst, sich selbst auszuhalten, ZS Verlag 2016, S. 39

38 Anthony de Mello, Geschichten, die guttun, Herder Verlag Freiburg 2001, S. 176

39 Richard Rohr, Nicht die ewige Leier, Herder Verlag Freiburg 1993, S. 161

40 Originaltext: „*Darkness cannot drive out darkness: only light can do that. Hate cannot drive out hate: only love can do that.*"

41 Abtprimas Notker Wolf, Altwerden beginnt im Kopf – Jungbleiben auch", Adeo Verlag 2015, S. 224

42 Ulrich Schaffer, Grundrechte. Ein Manifest, Herder Verlag Freiburg 2013

43 Romano Guardini, Die Macht, Grünewald Verlag, S.122

44 Henri Nouwen, In the Name of Jesus – Reflections on Christian Leadership, Darton, Longman and Todd 1989, S. 59

45 Ruedi Nützi, Am Anfang steht das Wort: Die eisernen Gebote der Kommunikation, Oral Fossil Verlag AG Zürich, 2003

46 aus: „Zedaka" – Das Leitbild der Zentralwohlfahrtsstelle der Juden in Deutschland (ZWST), 2011

47 Dagmar Mensink / Reinhold Boschki (Hrsg.), Das Gegenteil von Gleichgültigkeit ist Erinnerung, Matthias-Grünewald-Verlag Mainz, 1995

STICH:WORTE

TESTI:MONIALS

Praktisch, frisch und bereichernd! Ein absolut gelungenes Impulsbuch, das Leben verändern kann. Dein Leben UND das deiner Mitmenschen …
Sefora Nelson

Armin Jans, Hoteldirektor, Theologe und Beziehungspraktiker sitzt am Sprachbaukasten und spielt mit Worthälften und Bindestrichen in verblüffender Leichtigkeit und gleichzeitiger Tiefsinnigkeit, in dem er Beziehungsqualitäten treppenartig anordnet und somit unüberwindbar scheinende Beziehungsbarrieren nivelliert und Menschen auf Augenhöhe zusammen führt. Jans kann's.
Jürgen Mette

Jeden Tag ein kleines Lied, ein gutes Gedicht und ein vernünftiges Wort, rät Goethe. Dieses Buch von Armin Jans würde ihm gefallen. Es inspiriert und setzt in Bewegung. Hirn und Herz und Hände. Jeden Tag.
Jürgen Werth

Mit Tief-Denker gibt Armin Jans uns Lesern tief-gehende Impulse, die weit reichen. Glaube und Denken, Wunsch und Wirklichkeit werden hier großartig zusammen gesehen. Impulse, die weiterführen. Unbedingt lesens- und lebenswert.
Prof. Dr. Dr. Roland Werner

„SO habe ich das noch nie gesehen": Armin Jans lädt mit kurzen leichten und doch schwerwiegenden Texten dazu ein, Gott, sich selbst, unsere Mit-Menschen und unsere Um-Welt ganz neu wahr zu nehmen. Spannend, stimulierend und sprachlich erhellend. Wirkliche Lese-Früchte für jeden Tag.
Dr. Michael Diener

Vom gleichen Autoren:

M wie Männer

120 M-Impulse für Denker und Macher

Ein starkes Buch für Männer, die wissen wollen, was es mit Gott auf sich hat.
Klaus Göttler

120 M-Worte für Männer – wie Macher, Maloche, Macho, Mangel ... Ein sehr ansprechendes Buch für Männer, auch für solche, die dem Glauben nicht besonders nahe stehen. Treffende „M wie Männer"-Impulse, die gut umsetzbar sind. Hervorragender Anstoß, sich mit dem Leben und dem Glauben zu beschäftigen. Armin Jans bringt die M-Worte auf den Punkt – ansprechend, konkret, alltagsnah. Leichtes Lesen und hochwertige Fotos vom Weltreisenden Ben Kress.

Buch 5250492, gebunden, 154 Seiten

Impressum

Bestell-Nr.: 52 50493
ISBN 978-3-86773-289-5

Alle Rechte vorbehalten
© 2017 by cap-books/cap-music
Oberer Garten 8
D-72221 Haiterbach-Beihingen
07456-9393-0
info@cap-music.de
www.cap-books.de

Umschlaggestaltung, Layout: Olaf Johannson, Daniel Eschner, spoon design

Verwendete Bibelübersetzungen: